JN087131

地域金融の未来

金融機関・経営者・認定支援機関
による価値共創

森 俊彦 著
Mori Toshihiko

中央経済社

はじめに

■ 明るい未来は中小企業の元気から

　全国の中小企業の元気を引き出し後押しして明るい未来を創りたい。

　金融機関は，企業経営者に向き合うことで真の事業の理解に基づく融資や本業支援（伴走支援型融資）が可能となり，企業価値の"源泉"である営業キャッシュフローの持続的な改善が実現できる。債務者区分もランクアップし，最大のリスク管理・保全策かつ収益改善策だ。2019年12月，金融庁の研究会（著者はメンバー）の討議を踏まえ金融検査マニュアルが廃止された。最大のメッセージ「金融機関の健全性は金融仲介機能の発揮があってこそ」の実践力が，金融機関の経営トップから現場まで問われる。企業の営業キャッシュフローが改善すれば社長や従業員の給与も増え，住宅購入や資産形成など人生設計もしっかりしたものとなる。金融機関の営業基盤も強化され「持続可能なビジネスモデル」が実現できる。「共通価値の創造」だ。全企業の99.7％，全雇用の7割を占める中小企業の元気を引き出す金融仲介機能の発揮が「起点」となって，地域経済エコシステムの「好循環のループ」が構築できる。

　この思いを実現するために第二の人生をすべて投入してきている。これは以下で述べるような経験があるからだ。

■ お金は血液，日本銀行は心臓，血管は金融機関，血管の先には中小企業

　1999年，著者は日本銀行に勤務しており，バーゼル銀行監督委員会の日本代表としてバーゼルⅠ（1988年成立，いわゆる BIS 規制）の見直しに取り組んでいた (注1)。金融庁から金融検査マニュアルが公表され，全国で不良債権処理に本格突入し，日本銀行は「ゼロ金利政策」をスタートさせた年であった。

　人間の身体に例えると，お金は血液，日本銀行は心臓，血管は金融機関，血管の先には中小企業がある。日本銀行は心臓から大量の資金供給を行ってきている。ただ，金融政策の波及経路（トランスミッションメカニズム）である金融

仲介機能を担う金融機関がお金を必要としている中小企業に十分届けることができなければ，血管を含め組織（その周辺のエコシステム）は壊疽（えそ）を起こし壊死（えし）に至る。

不良債権処理において，著者は金融検査マニュアルの策定に関わり，日本銀行考査（注2）では北海道から鹿児島まで合計60近い金融機関を訪れ，金融機関の経営陣や支店長等との対話と不良債権処理を中心とした資産査定や，信用リスク管理高度化に向けた融資規程の整備からシステム対応の改善等にも取り組んだ。不良債権の固まりの多くは行き過ぎた事業拡張や（内外の）有価証券，不動産，絵画，ゴルフ会員権等への投資だった。金融機関による融資規律違反のバックファイナンス付き投資も少なくなかった。金融機関は資金使途の確認やトレースも不十分だった。金融検査マニュアルは不良債権処理では威力を発揮した。

（注1） バーゼル銀行監督委員会へ金融庁からは氷見野（現）金融庁長官が代表であった。

（注2） 日本銀行の取引先である金融機関に実際に立ち入り，経営実態の把握や各種リスク管理体制の点検を詳細かつ網羅的に行い，必要に応じ，当該取引先に対してリスク管理体制の改善などを促している。

■ リーマンショック

その後，不良債権処理はピークを越え，著者は日本銀行金沢支店長に赴任した翌年の2008年，リーマンショックが発生した。北陸3県（石川県，富山県，福井県）の金融経済動向を把握するため，金融機関の頭取や理事長とやりとりしつつ，3県の中小企業を1日2社のペースで訪れ，社長との対話や工場・倉庫の現場を見て回った。世界に誇れる技術や歴史・伝統を背負った工芸などが数多くある。しかし，立派な経営者（誠実，やる気，キラリと光るものがある）にお金が必ずしも届いていない。すべてではないとはいえ，金融機関の担保・保証への過度の依存や横並び意識の助長など，金融検査マニュアルの副作用を強く感じた。

■ 融資には回復・改善・成長を願う心が込められている

著者は唯一だが融資実行の経験がある。インドは1980年代の公共投資増大に

よる成長戦略が投資・貯蓄ギャップを拡大させ，国際収支が悪化していった。1990年に始まった湾岸戦争を受けて1991年1月には，外貨準備高が輸入決済のわずか2週間分まで激減した。流動性（資金ショート）危機。こうした状況下，（詳細を述べることは出来ないが，現地紙の報道（注3）参照），著者は融資契約（terms and conditions）作成から中央銀行であるインド準備銀行代表との融資交渉・契約に直接関わった。一国といえども資金繰りが付かなくなると危機に直面する。インドのその後の発展は心から嬉しい。この時，「融資はリレーションシップと表裏一体」「将来への打ち手のお金には回復・改善・成長を願う心が込められている」「自利利他（注4）」「キャッシュ・イズ・キング」などを学んだ。リーマンショック，東日本大震災，そしてコロナショックで改めてこの思いを強くした。危機時には，キャッシュの手当が企業が破綻するか否かを決定づけるものであること，すなわち，金融機関の融資機能が決定的に重要であることが教訓（lessons learned）である。

（注3） Business Standard（インドの新聞：September 4, 2013）「……the Reserve Bank in July 1991 pledged 46.91 tonnes of gold with the Bank of Japan（BoJ）and the Bank of England（BoE）and raised a loan of US$ 405.0 million. ……」

（注4） インドは仏教発祥の地。大乗仏教の「自利利他」とは「利他すなわち相手・社会への貢献がそのまま自利すなわち本当の自分の喜びであり幸福である」こと。

■ 伴走支援型融資で，雨の予兆で傘を用意する

　理念「明るい未来は中小企業の元気から」を実現する考え方は何か。『金融機関は融資を実行して一丁上がり。借入を返済できるかどうかは社長の責任。返済できない時のために不動産担保，経営者保証などが必要』なのか？　著者はそうではないと思う。融資はリレーションそのものであり，中小企業に寄り添う伴走支援型融資（事業の理解に基づく融資＋本業支援）で，雨の予兆で傘を用意し，企業価値の源泉である営業キャッシュフローの持続的な改善を後押しする。この積み重ねが明るい未来を創る。地域経済エコシステムの「好循環のループ」が構築できる。

■ 金融機関と中小企業経営者との「信頼関係」ができていないエピソード

　著者は公平中立な立場だ。貸し手の金融機関の支店長会議等や，借り手の中小企業関係機関の中小企業基盤整備機構，商工会議所，中小企業家同友会等のほか，認定支援機関の多くを占める日本税理士会連合会，TKC 全国会に加え，中小企業診断士協会，日本弁理士会等にて講演を行ってきている。中小企業大学校では中小企業診断士養成課程の講師を務めているほか，商工会議所・商工会・中央会の経営指導員向け研修も担っている。これらの活動の中で経験した金融機関と中小企業経営者との「信頼関係」が必ずしもできていないエピソードをご紹介しよう。

　100名ほどの社長が参加する講演で，政府が事業性評価の入口として全国の中小企業経営者や認定支援機関（金融機関を含む）に普及を推進しているローカルベンチマーク（以下，ロカベン）をテーマに取り上げた。質疑の時に，ある社長が「意見を述べたい」という。創業社長で，メイン銀行は20年付き合いのある地域トップバンク。「当社の事業性評価をしたいというので，ヒアリングに３か月。1回当たり30分〜60分を５回つきあった」という。その後，メイン銀行から「事業性評価が出来た」ということで，支店長と担当者が説明に来た。その説明を聞いて「がっかりし，愕然とした」という。「20年付き合っているメイン銀行に，事業性評価ということで，改めて一から説明したのに，100点満点で60点の出来だ」と支店長に伝えたとのことであった。

　その社長は続けて，「ロカベンを初めて知った」という。また，「金融機関との付き合いには，創業から今まで神経を使ってきた。支店長や担当者が変わるたびに関係が白紙になり，その都度，経営理念，ビジネスモデルなどを伝えてきた。しかし今後は，自らがロカベンを作って備えることで，今まで何度も振り出しに戻っていたことが無くなると考えただけで，気持ちが楽になる。自分の仕事に打ち込める。ロカベンを教えていただいて心からありがたい」とのことであった。会場の多くの社長がうなずいていた。中小企業は心そのもの，「心」があるのだ。

■「共通価値の創造」＝地域経済エコシステムの「好循環のループ」 実現へ

　多くの中小企業は，少子高齢化や人手不足等の非常に厳しい状況の中でも，日夜，営業キャッシュフローを改善させるべく果敢に挑戦し事業リスクをとっている。金融機関が担保・保証をいくらとっても，中小企業が挑戦している事業リスクを減じることはない。中小企業にしっかりと寄り添う伴走支援型融資により営業キャッシュフローの改善に貢献すれば「共通価値の創造」が出来よう。

　ところで，「共通価値の創造」に向けた事業再生，事業承継，成長支援などが進まない根本に「中小企業経営者と金融機関の信頼関係」が十分構築されていない問題がある。中小企業経営者と金融機関にとって互いに"情報の非対称性"がある中で，中小企業経営者と顧問税理士は中小会計要領，書面添付制度やローカルベンチマークなどの活用により財務情報の信頼性確保と非財務情報の見える化・見せる化をすることで，同時に，金融機関も金融仲介機能のベンチマーク等を積極的かつ具体的に開示することで，中小企業経営者・顧問税理士と金融機関が"平時からの信頼関係"を構築し，「共通価値の創造」である地域経済，さらには日本経済の持続的成長に結実していくことを強く期待している。

　そして中小企業経営者と金融機関が"平時からの信頼関係"を構築していくためのインフラとして，以上述べたような対話を通じた情報開示を軸とした"中小企業と金融機関の信頼関係構築コード"を策定し「共通価値の創造」の支柱としてはどうかという提言をしたい。

■ 明るい未来を創っていきたい

　最後に，著者は米国シカゴ大学大学院に留学して初めて外から日本を眺め，日本人であることを強く意識するようになった。さらにバーゼル銀行監督委員会の日本代表として4年間で50回近い国際交渉に臨んだ。ダイバーシティ。世の中に価値観や歴史・風土が異なり多様性があるからこそ，協調することで新たな価値が生まれる。世界に貢献し世界から日本国と日本人が存在することが

ありがたく思われる。そのような明るい未来を創っていきたい。

＊

　本書執筆のきっかけは　2019年8月，中小企業会計学会（第7回大会）にて基調講演「顧客本位の地域金融〜持続可能なビジネスモデルの構築に向けて〜」を行った際に，中央経済社学術書編集部編集長の田邉一正氏から「『金融機関と認定支援機関の税理士，中小企業診断士などがしっかり連携し，中小企業の元気を引き出し明るい未来を創る』を世に広げ実現するのは森さんの使命です」との言葉をいただき，お受けした経緯がある。経済産業省，内閣府，環境省，金融庁などの政府委員，金融庁参与，商工中金アドバイザー，中小機構中小企業応援士を務め，年間50回を超える講演をこなしながら本書執筆に取り組むのは時間の確保との戦いでもあったが，本書で取り上げる政府の諸施策や金融機関，中小企業経営者，認定支援機関の具体的な実例等は著者が直接関わってきたものだ。本書は田邉編集長の誠意と熱意のある伴走を受けた賜物であり心から感謝を申し上げたい。

　また，実例に登場する金融機関，中小企業経営者，認定支援機関，中小機構，中小企業家同友会など関係機関の方々には，本書で取り上げる内容について了承をいただいている。心から感謝を申し上げたい。

　なお，本書における記述内容は著者の個人的な見解を記載したものである。著者が参与を務めている金融庁の公式な見解ではない。本書に記された内容に関する責任はすべて著者個人が負っている。

2020年9月

日本金融人材育成協会 会長

森　俊彦

目　次

第3章 政府の中小企業支援における事業の「見える化」と「磨き上げ」に向けた取組みと支援策

第4章　中小企業が取り組むべきこと

第7章 地域経済エコシステムの「好循環のループ構築」に向けて

第8章　アフターコロナ

第**1**章

中小企業金融の現状と
対応すべき具体的な展開シナリオ

■ 銀行法第1条と金融機関の使命とは

金融機関にとっての憲法である銀行法第1条には,「国民経済の健全な発展に資することを目的とする」と,金融機関の使命が明記されている(信用金庫,信用組合など協同組織金融機関も,同様の趣旨を共有している)。

そして,地域金融機関として,「国民」を「地域」に置き換えると,「地域経済の健全な発展に資することを目的とする」となる。全国の企業数359万者のうち99.7%の358万者は中小企業であり,雇用の7割を中小企業が支えている。

金融機関が,中小企業の生産性向上,つまり付加価値である営業キャッシュフローの持続的な改善に取り組み,キャッシュフローが改善すれば,給与や雇用もプラスになる。そして,住宅ローンや,投信,保険などの資産形成や人生設計がしっかりしたものとなる。「**金融仲介機能の発揮**」が起点となり,地域経済エコシステムの「**好循環のループ**」が実現する。「**共通価値の創造**」(マイナスサムやゼロサムではなくプラスサム。5-2,5-3参照)である。

「地域金融機関の伴走支援型融資」と「中小企業の営業キャッシュフロー改善」の関係〜「金融仲介機能の発揮」を起点とした地域経済エコシステムの「好循環のループ」の構築

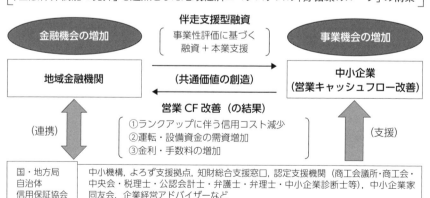

■ 金融機関の「健全性」は「金融仲介機能の発揮」があればこそ成り立つ

金融機関は，中小企業の事業性評価 (注) に基づく融資や本業支援（「伴走支援型融資」5-7参照）を行い，その結果，中小企業が営業キャッシュフローを持続的に改善することが最大のリスク管理・保全策・収益改善策になる。「金融仲介機能の発揮」があってこそ「健全性」が成り立ち自らの成長にもつながる。

(注) 金融機関は，財務データや担保・保証に必要以上に依存することなく，借り手企業の事業の内容や成長可能性などを適切に評価し（「事業性評価」），融資や助言を行い，企業や産業の成長を支援していくことが求められる（金融庁「平成26事務年度金融モニタリング基本方針」）。

多くの中小企業は，少子高齢化や人手不足の厳しい状況下でも，果敢に挑戦し，事業リスクを取っている。世の中の未来を創っている"源"だ。金融機関が担保・保証をいくらとっても，事業リスクそのものは減らない。中小企業に寄り添う**「伴走支援型融資」**により**「信頼関係」**を築けると，中小企業にとって金融機関は，**「交渉相手」**ではなく，**「相談相手」**になる。

これまで，多くの金融機関は，融資実行で一丁上がり，返済できない時の保全として不動産担保，個人保証等が必要であるとしてきた。本来，金融機関は，融資実行はあくまで中小企業に伴走するスタートであり，中小企業の夢の実現に向けて，大きな環境変化にも，中小企業基盤整備機構，よろず支援拠点，また税理士・公認会計士・中小企業診断士等の認定支援機関，中小企業家同友会などとも連携しながら，販路開拓やIT導入などの本業支援により営業キャッシュフローの持続的な改善に取り組んでいくことが不可欠である。

本業支援は広く金融機関以外も取り組んでいるが，金融機関は，固有の融資機能をあわせ持つ総合サービス業として，コロナ対応でも，中小企業に伴走する主役なのだ（7-1参照）。

1-2 事業承継は日本経済が直面している課題（人口減少，少子高齢化，事業者数減少）の縮図

■ 事業承継問題のボリューム感

　経済産業省・中小企業庁によると，中小企業経営者で最も多い年齢層は65〜69歳（注1）。平均引退年齢は70歳。2025年時点で，リタイア適齢期の70歳を迎える中小企業経営者は約245万人。すべての中小企業358万者の6割以上に上る。

　その約半数にあたる127万人が後継者未定。60歳以上の経営者のうち，50%が廃業を予定しており，特に個人事業者においては，約7割が「自分の代で事業をやめるつもりである」としている（注2）。実に全体の3分の1の中小企業が廃業の危機に瀕している。このままでは金融機関は，営業基盤である取引先を失い，自らの事業が成り立たなくなる。金融機関にとって，「**中小企業の事業承継問題の解決は待ったなし**」ということである。コロナ禍を受け，廃業への対応の重要性が一段とクローズアップされている。

（注1） 2015年12月のアンケート調査であり，現在，70〜74歳にシフトしていると想定される。

（注2） 後継者不在の場合は，以下で述べる，金融機関による「育てる金融」に加え，中小企業庁「中小M&Aガイドライン」（2020年3月31日公表）に則した取り組みが重要である。

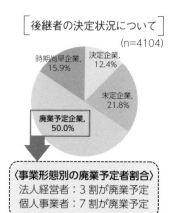

［中小企業の経営者年齢の分布（年代別）］

（万人）

20年間で経営者年齢の山は47歳から66歳へ移動

［後継者の決定状況について］（n=4104）

時期尚早企業，15.9%
決定企業，12.4%
未定企業，21.8%
廃業予定企業，50.0%

〈事業形態別の廃業予定者割合〉
法人経営者：3割が廃業予定
個人事業者：7割が廃業予定

（出所）中小企業庁「事業承継に関する現状と課題について」（2016年11月28日），2頁，5頁

■ 事業承継の障害・課題と対応策

事業承継の障害・課題の上位4項目は下図のとおりである。

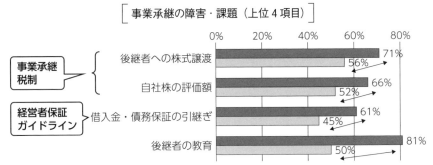

［事業承継の障害・課題（上位4項目）］

(出所) 東京商工会議所「事業承継の実態に関するアンケート調査結果概要」(2018年1月), 1頁

(ア)「後継者への株式譲渡」と(イ)「自社株の評価」は, 優良企業（債務者区分の正常先）の経営者の課題。一方, (ウ)「借入金・債務保証の引継ぎ」は, それ以外の多くの経営者の課題であり, 廃業問題の主たる背景の1つである。

■事業承継税制

(ア)と(イ)については, 2018年度税制改正によって, **「特例事業承継税制」(法人版事業承継税制)** が創設された。一定の手続によって一括で贈与等をした非上場株式等の贈与税額が全額納税猶予される。また, 2019年度税制改正によって, 個人事業者向けに**「個人版事業承継税制」**も創設された (6-4参照)。

中小企業庁は, 「特例事業承継税制により, これまで年間400〜500件の事業承継税制の認定数が年間5,000〜7,000件になる」と推計しており, 2018年度の納税猶予に必要な「特例承継計画」の届け出件数は2,931件であった。

■経営者保証ガイドライン

経営者からは「経営者保証の十字架を背負っている」との声が少なからず聞かれる。(ウ)を円滑に推し進めていくには, 金融機関が「経営者保証ガイドライン」を活用して, 経営者保証に依存しない融資の3要件である, ①法人と経営者との関係の明確な区分・分離, ②財務基盤の強化, ③適時適切な情報開示に向けて, どのように事業の磨き上げに取り組んでいけば良いかを, 中小企業経営者に働きかけていく**「育てる金融」**が不可欠である (1-3参照)。

1-3 事業承継と経営者保証について「経営者が望むこと」と「金融機関が取り組むべきこと」

■ 経営者保証ガイドラインにおける「経営者保証を代替するメニュー」の前提

経営者保証ガイドラインによると，「対象債権者は，停止条件又は解除条件付保証契約 (注)，ＡＢＬ（Asset Based Lending），金利の一定の上乗せ等の経営者保証の機能を代替する融資手法のメニューの充実を図ることとする」となっている。これらは「中小企業の現状」を前提として，経営者保証を代替するために考えられた手法を並べたものである。

(注) 停止条件付保証契約とは主たる債務者が特約条項（コベナンツ）に抵触しない限り保証債務の効力が発生しない保証契約であり，解除条件付保証契約とは主たる債務者が特約条項（コベナンツ）を充足する場合は保証債務が効力を失う保証契約である。

■ 「経営者保証」について経営者が望む「育てる金融」

一方，中小企業経営者の多くは，「中小企業の現状」を前提とするのではなく，金融機関には「育てる金融」（伴走支援型融資）を強く期待している。

中小企業経営者は日夜，雇用を守り必死に本業に取り組んでいるが，金融の細かい点については理解していないことが少なくない。**「育てる金融」とは，「経営者保証」に依存しない融資の３要件である，①法人と経営者との関係の明確な区分・分離，②財務基盤の強化，③適時適切な情報開示に向けて，中小企業の事業の磨き上げを後押ししてほしいとの金融機関への期待**である。たとえば，「②の財務基盤の強化には，売上を伸ばすだけでなく採算管理が不可欠ですよ」等のアドバイスと支援である。中小企業経営者は金融リテラシーを高める努力は必要（4-1参照）であるが，こと金融については，金融機関からの働きかけ（「育てる金融」）が経営者に前向きな経営を促していく上でも不可欠である (注)。

(注) ある中小企業経営者から，金融機関からの借入時に十種類ほどの書類に押印した際に「経営者保証ガイドラインの説明を受けました」という書類が入っていたが，その説明はなかったとの話が事実ある。「優越的地位の濫用」（5-10参照）も心すべきである。

●事業承継と経営者保証についての経営者の"生の声"―著者の講演での反応

（Aさん） 保証協会がついて，不動産担保で，代表者が命を担保に付けて，銀行はリスクフリーで仕事しようとすることが当たり前のこととして起きている。だから中小企業の事業を理解しようという観念はない。これは事業承継に大きく関係がある。銀行は保全されてリスクフリーなので，「中小企業の事業を理解して，経営者に次の時代にうまく引き継がないとまずいですよ」と，真剣に考え提案頂けない。森会長の話を多くの会員に知っていただき，もう少し目標管理をしながら経営者保証の適用範囲を減らしていかないと，結果的に事業承継もうまく進まないと思う。

（Bさん） 経営者保証がなくなると，事業承継の範囲が非常に広くなる。今まで，特に，従業員に後を継がせるときに個人保証が大きなネックになっている。個人保証があると，事業が順調に回っていても，どうしても心配事の1つに入ってくる。個人保証がなくなると，小規模企業の人たちも非常に喜ぶんじゃないかと思う。活発に行動，仕事が出来るようになる。

🔲 事業承継時の経営者保証解除に向けた国の新たな支援施策

国の新たな支援施策（「育てる金融」を後押し）の概要は次のとおり。

① **事業継承に焦点を当てた「経営者保証に関するガイドライン」の特則の適用開始**（2020年4月1日開始）
　原則として，前経営者・後継者の双方から二重には保証を求めないこととする。例外的に，二重に保証を求めることが真に必要な場合には，その理由や保証が適用されない場合の融資条件等について，金融機関が前経営者・後継者の双方に十分に説明し，理解を得ることとする。
② **経営者保証解除に向けた，「経営者保証コーディネーター」による支援制度を開始**（2020年4月1日開始）
　「経営者保証に関するガイドライン」の充足状況を確認し，経営者保証解除に向けた中小企業と金融機関との目線合わせ等，支援体制の拡充を図る。
③ **「事業承継特別保証制度」を創設**（3-8参照）（2020年4月1日開始）

（出所）経済産業省・中小企業庁 HP （https://www.chusho.meti.go.jp/kinyu/hosyoukaijo/2020/pamphlet02.pdf）

中小企業金融を日本全体からみた「融資構造＝借入構造」の"大きな歪み"の実情

■ 融資構造の歪みの実情

　「中小企業全体の3分の1が廃業の危機にある」(1-2参照) と指摘したが，実はすでに中小企業の廃業は増えている。東京商工リサーチによると，2019年に休廃業・解散した企業数は4万3,348件，倒産の5.2倍もある。

　これら廃業企業の中には，黒字企業も半分ある。黒字なのに廃業する主たる要因の1つが，資金繰りが厳しいからである。黒字なのに資金繰りが厳しいのは，**「金融機関の融資の仕方＝中小企業の借入の仕方」に問題がある**からである。

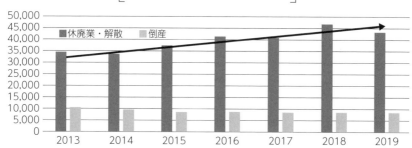

［休廃業・解散，倒産の推移（件数）］

（出所）東京商工リサーチ「2019年「休廃業・解散企業」動向調査」の資料を基に著者が作成

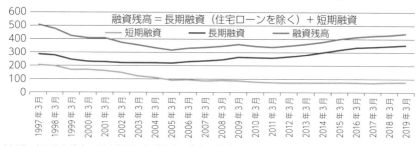

［国内銀行の長期融資・短期融資の推移（兆円，3月末）］

（出所）全国銀行協会，日本銀行の資料を基に著者が作成

今，「融資構造の歪み」が非常に大きな問題になっている。その歪みとは，金融機関の法人向け貸出の大半が「1年を超える長期」になっていることである。

統計によって数字に幅があるが，著者の推計では，2019年3月末時点で，全国銀行協会の全国銀行総合財務諸表では，貸出残高（住宅ローンを除く）446兆円のうち82％が長期になっている。

■ 「融資構造の歪み」の背景にある金融機関の融資行動

資金調達に関しては，「運転資金などの短期資金は短期借入金で調達し，設備投資などの長期資金は長期借入金や自己資本によって調達する」のが大原則。しかし，本来，「正常運転資金見合いの短期継続融資」であるはずの借入が，長期の「証書貸付」となっているケースが非常に多い。

「証書貸付」とは，金融機関が企業に「金銭消費貸借契約書」という借用証書と引き替えに融資を行う貸し付けのこと。借り主の企業側は，この証書で定めた期日，金額などに沿って返済する「約定弁済」が求められる。

ただ，こうすると，**中小企業は営業キャッシュフローが黒字であっても，それを上回る約定弁済のために資金繰りが困難になってしまうことが事実ある**（1-7参照）。

資金繰りが厳しくなると，経営者は個人資産を使いながら金融機関に返済していくが，やがてそれが行き詰まると，金融機関に**貸付条件の変更（リスケジュール）**を依頼し，金融機関も多くの場合，受け入れている。例えば，元本を返さずに済む代わり，リスクが高いからと金利が2倍になる。金融機関は万が一，企業が倒産したら，担保不動産の処分で資金回収すればよい，または信用保証協会に代位弁済を請求すればよいし，当面2倍の金利をとれば利益が厚くなるので，「金融機関にはむしろ都合が良い」との声も聞かれる。

しかし，この方法は長期的に見れば金融機関が自らの首を絞めることにつながる。条件変更の中小企業は，これまで，金融機関が伴走支援をすることもあまりなく，経営を継続する展望が中々描けないし，後継予定者（子息・子女，番頭さん）も事業承継には腰が引けるので，多くは廃業を選択する。事実，中小企業の廃業が増え，金融機関も「このままではまずい」ということに気づいてきたというのが現在の状況である。

1-5 「運転資金について証書借入が多い」ことに関する金融庁の認識

■ 「運転資金の借入形態」と「金融庁の有識者会議での議論」

金融庁は，中規模・中小企業を中心に751社を「企業ヒアリング」し，また，企業ヒアリングで捕捉できていない小規模企業2,460社を対象に「アンケート調査」を実施した結果を2016年5月に公表した。

運転資金について，証書貸付が最も多いことが判明した。同時に，企業経営者は，「借入形態について考えたことはない」との認識の下で，手形貸付（約定弁済付）及び証書貸付を選択した理由として，「信用保証協会または金融機関の条件だから」が多い。

［運転資金の借入形態］

Q　運転資金はどのような形態で借入をおこなっていますか。（複数回答可）

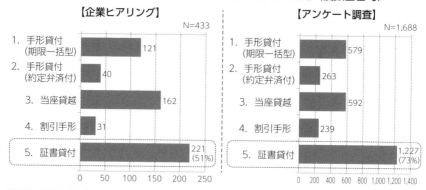

【企業ヒアリング】　　N＝433

1. 手形貸付（期限一括型）　121
2. 手形貸付（約定弁済付）　40
3. 当座貸越　162
4. 割引手形　31
5. 証書貸付　221（51%）

【アンケート調査】　　N＝1,688

1. 手形貸付（期限一括型）　579
2. 手形貸付（約定弁済付）　263
3. 当座貸越　592
4. 割引手形　239
5. 証書貸付　1,227（73%）

（出所）金融庁「企業ヒアリング・アンケート調査の結果について〜融資先企業の取引金融機関に対する評価〜」（平成28年5月23日），8頁

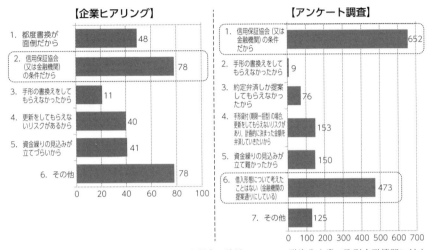

┌─────────────────────────────┐
│ 手形貸付（約定弁済付）及び証書貸付を選択した理由 │
└─────────────────────────────┘

Q　（前頁質問で 2. 手形貸付（約定弁済付）及び 5. 証書貸付とお答え頂いた方について）その理由はなんですか。（複数回答可）

【企業ヒアリング】

1. 都度書換が面倒だから　48
2. 信用保証協会（又は金融機関）の条件だから　78
3. 手形の書換えをしてもらえなかったから　11
4. 更新をしてもらえないリスクがあるから　40
5. 資金繰りの見込みが立てづらいから　41
6. その他　78

（0　20　40　60　80　100）

【アンケート調査】

1. 信用保証協会（又は金融機関）の条件だから　652
2. 手形の書換えをしてもらえなかったから　9
3. 約定弁済しか提案してもらえなかったから　76
4. 手形貸付（期限一括型）の場合、更新をしてもらえないリスクがあり、計画的に決まった金額を弁済していきたいから　153
5. 資金繰りの見込みが立て難かったから　150
6. 借入形態について考えたことはない（金融機関の提案通りにしている）　473
7. その他　125

（0　100　200　300　400　500　600　700）

（出所）金融庁「企業ヒアリング・アンケート調査の結果について～融資先企業の取引金融機関に対する評価～」（平成28年5月23日），9頁

　金融庁の「金融仲介の改善に向けた検討会議（第2回）」において，「運転資金について証書貸付が多い」ことについて次のような指摘がされている。

┌──┐
│ **（A委員）**　企業ヒアリングにあった証書貸付が多いことについては，商売をやっ │
│ ている人は余裕資金が欲しい中，銀行の要請により，運転資金を短期継続融資か │
│ ら証書貸付等による長期資金への切り替えに応じている。 │
│ **（B委員）**　運転資金について，証書貸付形式が最多で，かつ，債務者区分の下位 │
│ の企業には信用保証協会の保証がついているとの結果には，これが銀行のするこ │
│ とかと率直に思った。現在問題となっている条件変更先40万社は，事業キャッ │
│ シュフローが借入の約定弁済に回って資金繰りが苦しくなっているケースが多い │
│ と思うが，当座貸越とか本来の正常運転資金の融資の形に替えることで，相当数 │
│ の条件変更先が救えるのではないかと思う。 │
│ **（C委員）**　顧客の中には証書貸付を求めているとの回答もあるが，長期借入に伴 │
│ う約定弁済負担が重く，保証料まで払っており，おかしいとなぜ気づかないのか。 │
│ 銀行も説明をする必要があるのではないか。当局には是非分析をお願いしたい。 │
└──┘

「借入構造＝融資構造の大きな歪み」をもたらした背景と課題

■ 運転資金について証書借入が多くなった背景（国の施策）

運転資金に長期の証書貸付が当てられるようになった背景はいくつかある。国の施策では過去の金融行政が影響している。バブル崩壊後の不良債権処理の下で，**金融検査マニュアル**に，「正常運転資金の範囲を超える部分の短期継続融資を不良債権と判断する事例」が盛り込まれ，不良債権の処理を進めようとした金融機関が，短期継続融資を長期融資にシフトさせていった経緯がある。

さらに，**信用保証制度**がそれを加速させた。多くの金融機関で，行員の賞与査定などの基準となる業績表彰制度の中に，「信用保証協会の保証付き融資を重視する」という項目が盛り込まれていた。銀行員は自らの評価につながる保証付き長期融資を推進するようになった。

■ 運転資金について証書借入が多くなった金融機関の融資行動

金融機関は一度証書貸付を行えば，その後，何もしなくても約定弁済が受けられるし，万一，貸し先の企業が破綻したら不動産担保を回収する，あるいは信用保証協会に代位弁済を請求すればよいので損失は回避できる。

つまり，証書貸付というのは金融機関からすると，**とても楽で安心な貸し方**とされている。その楽で安心な貸し方をしている間に，金融機関は投資信託や生命保険を販売して手数料を稼ぐなどという動きが全国に広がっている。

今や，多くの金融機関が運転資金を証書貸付にしている。ということは，銀行借入のある多くの中小企業は「約定弁済漬け」になっているのだ。

この20年間，多くの金融機関はそういうビジネスモデルに凝り固まってしまった。証書貸付によって，長期間，企業のモニタリングを十分することもほとんどない。多くの金融機関は事業性評価能力も途上与信管理能力も大きく失い，経営支援・本業支援能力を著しく低下させてしまった。

これでは，どんなに日本銀行がマイナス金利政策をとり大量の資金供給をしても，本当に資金を必要としている企業に十分なお金は届かない。

● **日本全体の融資構造は，法人企業の借入の大半が長期**（1-4 参照）。
① 企業は，「約定返済額」が「キャッシュフロー」を上回り「返済負担大」。「条件変更（リスケジュール）の主因の1つ！
② 金融機関は，長期融資で，取引先企業に対し，長期間モニタリングなしの融資ノーチェック状態！
⇒ 中小企業の「資金繰り困難化」と「金融機関の経営支援能力低下」を招来！

こうした事態を受け，金融庁は2015年，金融検査マニュアルを改訂し，「正常運転資金に対応した短期継続融資は何ら問題ない」と明記した。平成28事務年度「金融行政方針」では，十分な担保・保証のある先や高い信用力のある先以外に対する金融機関の取り組みが十分でないため，企業価値の向上等が実現できていない状況（『日本型金融排除』）が生じていないかについて実態把握を行うとした。さらに金融検査マニュアルを2019年12月に廃止した。

「信用保証制度」についても，2018年4月，金融機関が過度に信用保証に依存せず事業を評価した融資を行い，その後適切な期中管理・経営支援を実施することで，中小企業の経営改善・生産性向上に一層つながるしくみに改訂した（3-8参照）。

今，まさに，ウィズコロナからアフターコロナに向けて，**資金使途に見合った貸出や経営支援・本業支援等の金融機関の対応が待ったなしである。中小企業に寄り添う「伴走支援型融資」で業績改善を実現していくことがカギである。**

---

① 2002年に改訂された金融検査マニュアル別冊（中小企業編）に，「正常運転資金の範囲を超える部分の短期融資を不良債権と判断する事例」が盛り込まれたことが，短期融資が激減（＝長期融資へシフト）した背景とされている。
⇒ 2019年12月，金融検査マニュアルは廃止！（2-7 ～ 2-10 参照）
② 多くのケースで，「短期融資を長期融資にシフト」する際に「信用保証協会の保証」を付保。
⇒ 2018年4月，新しい信用保証制度がスタート！（3-8 参照）

利益は出ていても現金がない？
─黒字倒産とは？

利益が出ていても現金がない？─黒字倒産とは？

前述のとおり，「運転資金などの短期資金は短期借入金で調達し，設備投資などの長期資金は長期借入金や自己資本によって調達する」のが資金繰りの大原則（1-4参照）。しかし，多くの中小企業は，**正常運転資金も設備資金も同じように約定弁済を伴う長期の証書借入で調達していて，結果として，資金繰りを悪化させている**。具体的な数値例を見てみよう。

A社は，売上高120，税引後利益6と黒字の企業である。減価償却2から，（簡易）「キャッシュフロー」8と，キャッシュを生んでいる。

しかし，現状では，金融機関からの借入が全額，証書借入のため，「約定弁済」14。したがって，資金繰りはマイナス△6（＝ ⑧ － ⑭）。現預金や個人財産の取り崩しなどで対応することになる。

つまり，黒字でも資金繰りが厳しくなり，本業に専念できなくなって，売上自体も思ったように伸ばせなくなる。むしろ減少トレンドに陥るケースが少なくない。黒字倒産もあり得る。黒字なのに資金繰りが厳しいと，事業承継も思ったように進まない。黒字廃業の主たる背景の1つである。

「正常運転資金」見合いの「専用当座貸越」の活用

「表面財務の運転資金」40（受取手形・売掛金20＋棚卸資産30－支払手形・買掛金10）から，<u>不稼働在庫や受取手形・売掛金の回収困難部分などのネットの不稼働資産10</u>を除いた「正常運転資金」30については，証書借入を「専用当座貸越」に組み替える。

「専用当座貸越」は「約定弁済」がない。企業が，いつ何処から何を仕入れて何処に販売して，いつキャッシュで回収するかを動態モニタリング（動態事業性評価）できるしくみであり，中小企業に少なからずみられる「どんぶり勘

定」の是正にも資する（4-4～4-6，5-7参照）。

この組み替えの結果，「約定弁済」は14 → ⑧ となり，「キャッシュフロー」⑧ によって返済可能になる。

経営者は，資金繰りに関する悩みから解放されて，本業に専念できる。

税理士や中小企業診断士など認定支援機関（6-1参照）は，こうした組み換えに伴う金融機関との調整を行うに際して，国の経営改善計画策定支援事業（405事業）や早期経営改善計画策定支援事業（プレ405事業）などを活用することができる（6-3参照）。

$$\left[\text{A社のPL，BSとキャッシュフロー}\right]$$

売上高	120
税引後利益	6
減価償却	2
（簡易）キャッシュフロー	⑧

受取手形・売掛金	20	支払手形・買掛金	10
棚卸資産	30	**短期借入金**	**0**
固定資産	50	**長期借入金**	**70**
		純資産	20
資産合計	100	負債・純資産合計	100

証書借入（期間5年）	**70**	**年間返済額**	**⑭**

受取手形・売掛金	20	支払手形・買掛金	10
棚卸資産	30	**短期借入金**	**30**
固定資産	50	**長期借入金**	**40**
		純資産	20
資産合計	100	負債・純資産合計	100

当座貸越	**30**	**年間返済額**	**0**
証書借入（期間5年）	**40**	**年間返済額**	**⑧**

1-8 中小企業に対する「日本型金融排除」の実情

■「日本型金融排除」とは

融資に関して，金融機関からは「融資可能な貸出先が少なく，厳しい金利競争を強いられている」との主張がなされている。他方で，金融庁が2016年度に実施した企業ヒアリング・アンケートでは，顧客企業からは「金融機関は相変わらず担保・保証がないと貸してくれない」との認識が示されるなど，金融機関と顧客企業との認識に大きな相違があることが明らかになった。

担保・保証がなくても事業に将来性がある先，また，足下の信用力は高くはないが地域になくてはならない先は地域に存在する。企業と日常からしっかり対話し，企業価値の向上に努めている金融機関は，地域の企業・産業の活性化に貢献するとともに，自らの顧客基盤の強化をも実現させている（第7章参照）。

そこで，金融庁は，金融機関の融資姿勢等について，金融機関と企業の双方からヒアリング等を通じて，**十分な担保・保証のある先や高い信用力のある先以外に対する金融機関の取組みが十分でないために，企業価値の向上が実現できず，金融機関自身もビジネスチャンスを逃している状況**（「日本型金融排除」）が生じていないかについて，実態把握を行った。

金融庁の問題意識は，国連が2015年に決議した「SDGs（Sustainable Development Goals：持続可能な開発目標）」にある第8番目「働きがいも経済成長も」の具体的な取組みとして8.10「国内の金融機関の能力を強化し，すべての人々の銀行取引，保険，および金融サービスへのアクセス拡大を促進する」と重なるものである。すなわち，SDGsでは，金融機関による「金融包摂（Financial Inclusion）」の取組みによって「持続可能な地域社会の構築」を推し進めていくことが目標として設定されている。

■ 企業アンケート結果

2017年10月公表の金融庁「企業アンケート結果」を踏まえ，「金融レポート」では「銀行は総じて，格付けが低い企業への取組みが不十分」とされた。

> （1） メインバンクは，債務者区分上位の企業をより多く訪問する一方，経営課題を抱えている債務者区分下位の企業への訪問が少ない。

Q 貴社の取引金融機関は，貴社の状況を把握するため，以下のような訪問の取組みを行っていますか。

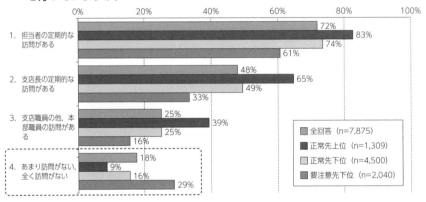

> （2） メインバンクは担保・保証がないと融資に応じてくれないと感じている企業が全体の４割，要注意先以下で５割強，正常先上位でも２割強となっている。

Q 貴社の取引金融機関は，担保や保証がないと融資に応じてくれないと感じますか。

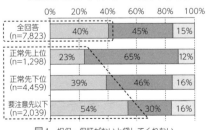

Q 現在金融機関からの勧めにより，信用保証協会の保証を利用していますか。

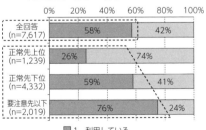

（出所） 金融庁「平成28事務年度金融レポート」（平成27年10月25日），21頁

中小企業経営者は「金利」よりも「事業の理解」を最優先

■ 企業がメインバンクに求めるもの

　前述の金融庁が2016年５月に公表した「企業ヒアリング」(中規模・中小企業)によると，企業がメインバンクを選択する理由は**「貴社や事業に対する理解」**が最も多い第１位で第６位の**「融資の金利」**の約３倍。「アンケート調査」(小規模企業) もほぼ同様の結果であった。

　金融機関からは，「企業から低金利を求められる」などの声が聞かれるが，それは金融機関が「企業の事業を適時適切に理解してニーズや課題に応えることなく，低金利競争を仕掛けていること」が元々の原因であることがわかる。

[企業がメインバンクに求めるもの]

Q　メインバンクを選択している理由は何ですか。(複数回答可)

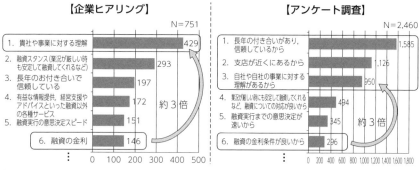

（出所）金融庁「企業ヒアリング・アンケート調査の結果について〜融資先企業の取引金融機関に対する評価〜」(平成28年５月23日)，３頁

■ 企業と金融機関の「信頼関係」

　「企業ヒアリング」では約３割の企業が金融機関に「全く相談したことがない」と回答。理由は「アドバイスや情報が期待できない」が最多である。「アンケート調査」では「日常的に相談している」の割合が「企業ヒアリング」と

比べ半減し，「全く相談したことがない」が最多である。理由は「他に相談する相手（税理士，他の企業経営者）がいるから」が「アドバイスや情報が期待できない」と同程度の回答数であった。中小企業経営者は，少子高齢化等の下で日々，挑戦し事業リスクを背負っているだけに，**経営課題の打開のために伴走する「相談相手」が不可欠**だ。しかし，**金融機関は，融資の金利条件の「交渉相手」であって，「相談相手」とは十分なっていない実情**が明らかとなった(注)。

(注) リレーションシップバンキングは金融機関と事業者との「信頼関係」のもとに成り立つ金融仲介である。信頼関係がなければ相談相手とは認められない。多くの事業者から「優越的地位にある金融機関には本音はしゃべらない」との声が聞かれる。リレーションシップバンキングを声高に述べながら，「担保は事業者を守るために取る」と述べたとたん，事業者からは優越的地位からの発言（事業の理解はさておき担保が融資条件）だと断じられる。「空き担保は他行からの借り入れにつながるので，担保は全て取ります」というのは，「事業者を信頼していない」と語るに落ちたに等しい。金融機関が担保にこだわるのであれば，「**担保は企業価値（包括担保）**」とすべきだ。企業価値を守り成長させることが返済原資の確保のみならず事業者の笑顔も生む。これがバンカーだ（5-8，第7章参照）。もちろん，金融機関が覚悟を持って伴走支援する事業者は3条件の社長（1-10参照）である。お金は人に貸すのであって，3条件の社長の見極めが事業性評価の核心にある。

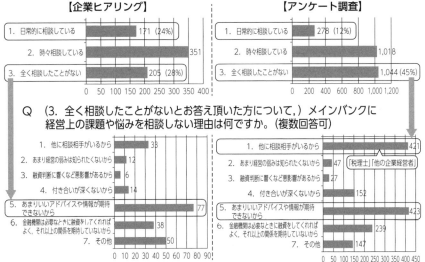

［企業と金融機関との信頼関係］

Q 貴社は，経営上の課題や悩みについて，メインバンクとどの程度，相談していますか。

【企業ヒアリング】

1. 日常的に相談している　　171（24%）
2. 時々相談している　　351
3. 全く相談したことがない　　205（28%）

【アンケート調査】

1. 日常的に相談している　　278（12%）
2. 時々相談している　　1,018
3. 全く相談したことがない　　1,044（45%）

Q （3. 全く相談したことがないとお答え頂いた方について，）メインバンクに経営上の課題や悩みを相談しない理由は何ですか。（複数回答可）

1. 他に相談相手がいるから　　33
2. あまり経営の弱みは知られたくないから　　12
3. 融資判断に響くなど悪影響があるから　　6
4. 付き合いが深くないから　　14
5. あまりいいアドバイスや情報が期待できないから　　77
6. 金融機関は必要なときに融資をしてくれればよく，それ以上の関係を期待していないから　　38
7. その他　　50

1. 他に相談相手がいるから　　421　「税理士」「他の企業経営者」
2. あまり経営の弱みは知られたくないから　　47
3. 融資判断に響くなど悪影響があるから　　27
4. 付き合いが深くないから　　152
5. あまりいいアドバイスや情報が期待できないから　　423
6. 金融機関は必要なときに融資をしてくれればよく，それ以上の関係を期待していないから　　239
7. その他　　147

（出所）金融庁「企業ヒアリング・アンケート調査の結果について～融資先企業の取引金融機関に対する評価～」（平成28年5月23日），4頁

1-10 中小企業経営者からみた金融機関による中小企業の課題を「聞く」「伝える」「納得感がある」の実情

🔲 金融機関による中小企業の課題を「聞く」「伝える」「納得感がある」実情

　金融庁は，毎年，「企業アンケート」を実施しており，2020年の結果を見ると，以下の通りである。

> ① 「メインバンクは，貴社の経営上の課題や悩みを『聞いてくれますか』」との問に対して「よく聞いてくれる」は42%（2019年は53%）。
> 　　その上で，「金融機関が認識する貴社の課題や評価を『伝えてくれますか』」について，「よく伝えてくれる」は22%（2019年は25%）。
> 　　さらに，「伝えられた内容は，どの程度『納得感がありましたか』」について，「とても納得感がある」は14%（2019年は17%）。この「とても納得感がある」が，企業経営者との揺るがない「信頼関係」を構築する基になると考えられる。
> ② 　なお，債務者区分ごとにみると，経営課題を抱えている債務者区分下位の企業ほど，経営上の課題や悩みをよく聞いてもらえず，よく伝えられていない。
> ③ 　メインバンクによる事業性評価が進展せず，「信頼関係」が構築できていない顧客企業は，非メインバンクに対し，融資に係るメインバンクの補完のほか，事業の理解等に関する対話を重ねることによるリレーション構築や「メインバンクにはできない業界動向などの情報提供」といった融資以外の機能への期待も窺える。

　企業経営者と意見交換すると，異口同音に，「困ったときに助けてくれた金融機関は恩義に感じ，決して忘れられない」という。**経営課題を抱えている債務者区分下位の企業を中心に，伴走支援型融資で業績改善に取り組めば，強固な信頼関係ができる。**

　なお，金融機関が徹底的な伴走支援をするには，経営者の「誠実，やる気，キラリと光るものがある」の3条件を満たすことが必須条件である。**3条件を満たした社長＝リレバン社長**（金融機関とリレーションシップを築くことができる社長）は，通常，事業がうまく回っているが，仕入先・販売先の倒産や大規模災害等（コロナショック等を含む）で，赤字や債務超過になり得る。**3条件を**

見極めることが事業性評価の一丁目一番地であり，３条件を満たしている社長
(注)の場合，赤字や債務超過にあっても，金融機関は，伴走支援型融資によっ
て業績改善を実現していくことが可能になる。

(注) 金融機関からは「中小企業は粉飾があるなど３条件を満たす社長は限られている」との声が聞かれるが，上からではなく水平目線で「育てる金融」を実践することで，３条件の社長を増やすことが出来るし，真のファンも増える（1-3, 4-8, コラム７参照）。

[金融機関と企業のコミュニケーション]

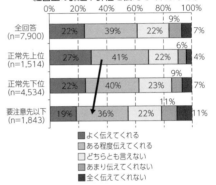

Q1. メインバンクは，貴社の経営上の課題や悩みを聞いてくれますか。

Q2. メインバンクは，金融機関が認識する貴社の経営上の課題や評価を伝えてくれますか。

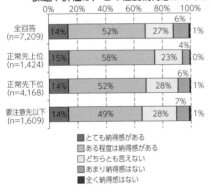

Q3. メインバンクから伝えられた貴社の経営上の課題や評価は，どの程度納得感がありますか。

（注）図の矢印は著者が加筆
（出所）金融庁「金融仲介機能の発揮に向けたプログレスレポート」(2020年10月)，14頁

コラム1　思いとご縁

「明るい未来は中小企業の元気から」は著者自らの思い（確信）であるが，明日は
ないものと思い今を生きている。自らの頭で考え自らの言葉で語って行動し続けて
いると，なにかご縁というものがつながっていく。これこそかけがえのない価値だ
と感じている。

日本国内だけでなく，米国に3度計7年滞在し，バーゼル銀行監督委員会の日本
代表を4年務めていたので内外に多くのご縁があるが，ここでは成城大学名誉教授
の村本孜先生とのご縁に触れたい。村本先生とは，2015年10月，「国内金融の活性
化に向けた研究会」(注)のメンバーとして，中小企業金融の現状と課題・展望につい
てご相談をしに初めてお会いした。当時，同研究会では幾人から（要すれば）「財務情
報で将来を含めほとんど分かる。森さんは社長の経営理念など非財務情報が重要と
言うが，赤字になっていればそれが成績。融資対象にはならない」との主張がなされ，
著者は対峙していたので，村本先生とは，知的資産経営（計測できない非財務情報こそ
企業価値の源泉），リレーションシップバンキング，バーゼル銀行監督委員会での協同
組織金融機関の意味合い等について意見交換し有意義なご示唆をいただいた。また，
多胡秀人氏（コラム5参照）が共通の知人であることも知った。

村本先生のご紹介で，2016年7月，中小機構（中小企業大学校）で中小企業経営者
や認定支援機関向けの講演の機会を得た。「中小企業経営者が金融リテラシーを向上
させ，金融機関を選択する眼力強化が重要である」ことをテーマとした。アンケー
ト結果「とても良かった7割，良かった3割」などから，中小機構のHPから著者の
講演がYouTube配信されることになった。

「中小企業経営者の金融機関との付き合い方と眼力強化 ─取引先企業に向き合う本
気度で差が広がる金融機関─」

https://www.smrj.go.jp/event/t_seminar/frr94k0000009pzs.html

また，村本先生のご紹介で，2018年12月，全国地方銀行協会の後援を受けて活
動している「金融構造研究会」において地域金融機関に関する報告を行った。報告
内容は論文として，全国地方銀行協会HPに掲載されている。

森俊彦「顧客目線の地域金融〜持続可能なビジネスモデルの構築に向けて〜」（金融
構造研究 No. 41）

https://www.chiginkyo.or.jp/financial-structure-study-group/

(注) 野村総合研究所の井上哲也氏（金融イノベーション研究部主席研究員）が主催した研
究会。

第2章

金融行政の変遷と金融検査マニュアル廃止後の検査・監督とは

金融行政の変遷①
―金融検査マニュアル制定の経緯

◾ バブル崩壊への対応と金融検査マニュアル制定

わが国では，1980年代後半に拡大した**資産価格バブル**が1990年代初めに崩壊
した。バブル当時は，不動産価格や株価の上昇を見込んだ貸付が多く行われた
ため，バブル崩壊による資産価格の急落を主要因として，多くの金融機関の貸
出先の債務返済能力が著しく低下し，**多額の不良債権**が発生した。

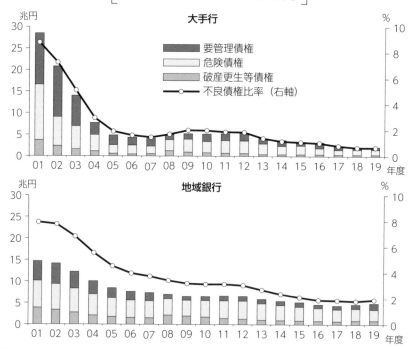

［ 金融機関の不良債権残高・比率の推移 ］

大手行

要管理債権
危険債権
破産更生等債権
不良債権比率（右軸）

地域銀行

（注）大手行は，みずほ，三菱 UFJ，三井住友，りそな，埼玉りそな，三菱 UFJ 信託，みずほ信託，
三井住友信託，新生，あおぞらの10行，地域銀行は，地方銀行64行と第二地方銀行38行
（出所）日本銀行「2019年度の銀行・信用金庫決算」（2020年 7 月17日），21頁

1998年の**金融監督庁**（現**金融庁**）**発足**から数年は，すでに発生した不良債権を的確に把握し，足元までの資産価格の下落という要因を引当に反映させ，国内外の信用を回復することが優先的な課題の１つだった。

　金融監督庁は，**1999年7月**，**金融検査マニュアル**を制定し，金融機関の裁量の余地が少ない一律の基準に基づき，貸出先が実質債務超過かどうか，貸出が担保・保証により保全されているかを重視して，金融機関による自己査定結果についての検証を行った。この結果，不良債権は大幅に減少した。

●バブル崩壊後の不良債権処理

　金融庁は，バブル崩壊後の資産価格の下落を主な要因とする不良債権の拡大に対応し，金融機関の健全性を確保するため，以下のような検査・監督を行ってきた。
① 検査マニュアルに基づく定期的かつ網羅的な個別の資産査定（債務者区分，Ⅰ～Ⅳ分類）の検証（1999年～）
② 不良債権処理の推進
　破綻懸念先以下のオフバランス化に係る主要行向けルールとして，以下を設定。
a. 2年3年ルール（新規発生分は3年以内，既存分は2年以内）（2001年）
b. 5割8割ルール（新規発生分について1年以内に5割，2年以内に8割）（2002年）

●顧客の実態に応じた金融機関の取組みを尊重

　他方で，金融庁は，検査マニュアルの示す外形的な基準だけが優先されることのないよう，検査マニュアル冒頭で「金融機関の規模や特性を十分に踏まえ，機械的・画一的な運用に陥らないよう配慮する必要がある。」旨を示すとともに，以下のような様々な取組みを行ってきた。
a. 実現可能性の高い経営改善計画による債務者区分の改善を可能に
b. 中小・零細企業の経営・財務面の特性や実態を踏まえた扱いを求める金融検査マニュアル別冊（中小企業融資編）を公表（2002年）
c. リレーションシップバンキングの機能強化に関するアクションプログラムを公表（地域金融機関を対象として，中小企業の再生と地域経済の活性化を図るための取組みを進めることにより，不良債権問題の解決を目指した）（2003年）

（出所）金融庁「融資に関する検査・監督実務についての研究会 第1回資料」（2018年7月4日），1-2頁

2-2

金融行政の変遷②
―金融検査マニュアルの副作用

■ 金融検査マニュアルの副作用

　金融検査マニュアルが想定している「金融機関のビジネスモデル」は，結果として，かなり限定された類型のものとなり，各金融機関の経営戦略や融資方針が十分に考慮されず，画一的に内部管理態勢（リスク管理，引当等）の検証が行われた。

　結果として，不良債権処理の上では意味があったが，さまざまな副作用が生じているとの指摘も少なくない。

　金融庁の「融資に関する検査・監督実務についての研究会（第1回：2018年7月）」（金融検査マニュアル廃止に向けた討議：著者もメンバー）では次のような説明があった。

(1)　金融機関の融資行動の変化
　金融検査マニュアルに基づく検査が繰り返されたことにより，一部の金融機関では，次のような融資行動の変化が生じている。

(a)　財務指標への過度な依存
　財務指標などの定量データを重視した債務者区分や格付のプラクティスが定着した結果，与信判断まで均一化。顧客の事業の将来性や金融機関の支援態勢など定性的な要因を適切に与信判断に織り込めていない。

(b)　短期継続融資から証書貸付への転換
　書換継続されている手形貸付が貸出条件緩和債権に当たりうるとの検査指摘を受け，正常運転資金の範囲内のものまでが約定弁済付の証書貸付へ切り替えられ，顧客の資金繰り悪化の一因となっている。

(c)　目利き力の低下
　顧客の実態や各地域の経済環境等を把握・評価して与信判断を行うという本来的な融資スキルが失われた（これに対し，バブル期以前には，運転資金，設備資金等の資金使途や返済財源に着目し，将来キャッシュフローを重視した融資が行われていたとの指摘がある）。

(d) 担保・保証への過度な依存

　　担保・保証による保全がない与信についてのリスクを見極めるスキルが失われた結果，担保・保証に過度に依存した融資慣行が定着した。

(2)　金融機関が認識しているリスクと引当の水準のズレ

　　現状の実務では，顧客の実態バランス（決算書に反映されていない回収不能な売掛債権や不良在庫などを実際の状態に引き直したもの）を中心に債務者区分の判定を行い，過去実績を中心に将来の損失を見積もっている。

　　その結果，金融機関が顧客の定性情報や将来の情報（マクロ情報を含む）などに基づきリスクを認識していても，引当には必ずしも反映されていない。

　　これにより金融機関の「リスク認識」と「引当の水準」にズレが生じている可能性が指摘されている。

(3)　将来の金融危機に対応できないのではないか

　　過去実績や担保・保証を重視するこれまでの検査・監督は，バブル崩壊後の「事後的」な不良債権処理には有効であったが，バブル当時に戻って考えてみると，地価や株価が上昇している最中では，借手のほとんどが正常先であり，かつ，ほとんどの貸出が担保によりフル保全となっていた。

　　したがって，検査マニュアルに基づく検査では，金融機関の融資ポートフォリオに関する信用リスクの高まりを事前に察知し，「将来」の金融危機に対応することはできないのではないか，という懸念がある。

2-3 金融行政の変遷③
―金融検査マニュアルの廃止

◾ 金融行政の「究極的な目標」を明確化

金融庁は，2015年9月公表の「平成27事務年度　金融行政方針」において，金融行政の「究極的な目標」として**「企業・経済の持続的成長と安定的な資産形成等による国民の厚生の増大の実現を目指す」**を明確化した。

2016年8月，これまでの検査・監督の副作用に対応した新しい金融機関モニタリングについて議論・整理するため「金融モニタリング有識者会議」が設置された。

◾ 金融行政の視野を「形式・過去・部分」から「実質・未来・全体」へ拡大

2017年11月公表の「平成29事務年度 金融行政方針」において，「検査・監督のあり方の見直し」として，金融行政の視野を「形式・過去・部分」から「実質・未来・全体」へと広げた新しい検査・監督を実現することを打ち出した。

◾ 金融検査マニュアルは廃止へ

2017年12月公表の「金融検査・監督の考え方と進め方（検査・監督基本方針）」（案）（パブリックコメントを踏まえた改訂文書は2018年6月公表）において，これまでは「金融システムの安定」などに注力していたが，今後は**「金融システムの安定」**と**「金融仲介機能の発揮」などの両立**を目指していくとして，「金融検査マニュアルの廃止」を打ち出した。

また，個々のテーマ・分野ごとのより具体的な検査・監督の考え方と進め方を，議論のための材料であることを明示した文書（ディスカッション・ペーパー（以下，DP））の形で示すことも打ち出した。

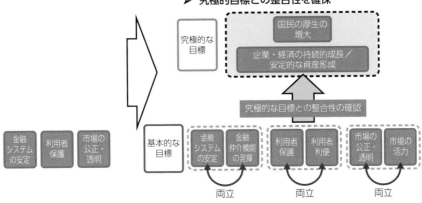

（出所）金融庁「金融検査・監督の考え方と進め方（検査・監督基本方針）」(2018年6月)，5頁

[検査・監督のあり方を「形式・過去・部分」から「実質・未来・全体」へ]

形式	実質
― 担保・保証の有無やルール遵守の証拠作りを必要以上に重視	― 最低基準（ミニマム・スタンダード）が形式的に守られているかではなく，実質的に良質な金融サービスの提供やリスク管理等ができているか（ベスト・プラクティス）へ
過去	未来
― 足元のバランスシートや過去のコンプライアンス違反を重視	― 過去の一時点の健全性の確認ではなく，将来に向けた健全性が確保されているか
部分	全体
― 個別の資産査定に集中，問題発生の根本原因の究明や必要な対策の議論を軽視	― 特定の個別問題への対応に集中するのではなく，真に重要な問題への対応ができているか

視野の拡大

（出所）金融庁「金融検査・監督の考え方と進め方（検査・監督基本方針）」(2018年6月)，8頁

2-4 「健全性政策基本方針」で示された検査・監督の「従来の視点」と「これからの視点」の抜本的な違い

◾ 検査・監督の「従来の視点」と「これからの視点」の抜本的な違い

　金融庁は，2019年3月，ディスカッション・ペーパー「金融システムの安定を目標とする検査・監督の考え方と進め方（健全性政策基本方針）」（以下，健全性政策基本方針DP）を公表し，金融検査マニュアル廃止（2019年12月）も想定して，金融システムの安定のために検査・監督のあり方がどのように変わるのかを示し，具体的な取り組みの重要ポイントや理由を明らかにした。

　その冒頭には，「金融機関の健全性の評価の視点」として，検査・監督の「従来」と「これから」の違いが示されている。

■従来の視点─後始末型

　「従来の視点」は「後始末型」であった。次頁の図の実線で囲まれた項目（リスク管理，資産の質，資本）を中心に金融検査マニュアルに沿って検証されていた。「リスク管理」では，金融検査マニュアルの項目を満たしているか。「資産の質」では，不良債権になっていないか。「資本」では，現時点で最低基準（4％，8％）に抵触していないかであった。

■これからの視点─予防型

　しかし，「これからの視点」では「予防型」となる。まずは，**「ビジネスモデル」**に焦点が当てられ，各要素がすべて実線となり，全体として成り立つような形で顧客に付加価値を提供できるビジネスモデルを構築しているかどうかが問われる。

　各要素をみると，「従来の視点」では点線の項目だった**「リスクテイク」**では，収益を持続的に確保できるように目利き力を発揮しリスクを取って融資をしているか，となっている。また，**「収益」**では，リスクに見合った収益を確保し続けられるか，となっている。

また，**「資産の質」**では，借り手の実態を把握し，「将来」の損失を的確に見積もっているかが重視されている。

　さらに，**「資本」**については，将来最低基準に抵触する蓋然性があるかどうかと，「将来」が重要であることが強調されている。金融機関にとって「将来」の資本の水準が問われるということは，「将来」の収益が重要ということであり，その収益を確保するためには，取引先企業の「将来」キャッシュフローを改善させる「金融仲介機能の発揮」が問われることを示している。

$$\left[\text{金融機関の健全性の評価の視点}\right]$$

（出所）金融庁「健全性政策基本方針 DP」(2019年3月)，目次の次の頁

2-5 「早期警戒制度」の見直し
―金融機関の「将来」に向けた「持続可能な収益性」が焦点

■ 金融機関の「将来」に向けた「持続可能な収益性」が焦点

　金融庁は2019年6月，金融検査マニュアル廃止（2019年12月）も想定して，「中小・地域金融機関向けの総合的な監督指針」の一部を改正し，「早期警戒制度」を見直した。

　これまで，金融機関の経営の健全性を確保することを目的とした「早期是正措置」があり，自己資本比率が低下するにつれて段階的に行政措置，たとえば，業務停止命令など，さまざまな措置が発動された。この「早期是正措置」は継続されるが，「早期警戒制度」を見直し，金融機関の「収益」について，「足下」の収益の実態に基づく対応となっていたものを，「持続可能な収益性」や「将来にわたる健全性」に着目したモニタリングを行い，「早め早めの経営改善」を促していくとした。

　このように「早期警戒制度」は，「経営が行き詰まる前に一緒にビジネスモデルを再構築していきましょう」という，金融機関の経営の独立性を尊重する「伴走型」で，金融機関をサポートする制度となったのである。

■ 早期警戒制度の3つのステップ

（ステップ1）当局における分析

　スクリーニングと呼ばれており，貸出や有価証券運用，経費などについて，足下の傾向が続くと仮定して，ストレス事象を想定した自己資本比率を算出し，一定の水準を下回る金融機関を洗い出して，ステップ2へ移行する。

（ステップ2）対話を通じた課題の明確化と共有

　地域の経済情勢や顧客基盤の見通しといった前提条件をはじめ，経営理念，それから導かれる経営戦略や具体的な施策について，「時間軸」を念頭に，ど

う金融仲介機能を発揮していくのかについて対話する。説明に十分な合理性がない場合，ステップ3へ移行する。なお，「経営計画等を実行するために必要な人的資源（ヒューマンキャピタル（5-4参照））が十分に確保・育成・活用されているか等について留意して検証する」と，**人的資源が金融仲介機能発揮の起点**であることが示されている。

（ステップ3）改善に向けた監督・対話

　深度ある検証・行政対応，つまり，銀行法第24条に基づく報告徴求や第25条に基づく**検査**の実施により業務改善を促し，必要に応じて，第26条に基づく**業務改善命令**を発出する。

「「早期警戒制度」の見直しの概要」

「収益性改善措置」

足下の基本的な収益指標を基準として，収益性の改善が必要と認められる銀行に対してヒアリング等を実施し，改善を促す。必要に応じて，報告徴求命令（法第24条）および業務改善命令（法第26条）を発出。

※なお，上記のほか，信用リスク改善措置，安定性（市場リスク）改善措置，資金繰り改善措置が存在。

「収益性改善措置」を見直し

新しいアプローチ

「持続可能な収益性」や「将来にわたる健全性」に着目した早め早めのモニタリングを実施

ステップ1	ステップ2	ステップ3
以下の項目について，足下の傾向が継続すると仮定した場合の将来（概ね5年以内）のコア業務純益（除く投資信託解約損益）やストレス事象を想定した自己資本比率を算出。 ・貸出金・預金利息 ・有価証券利息配当金 ・役務取引等利益 ・経費　等 これらの状況が一定の水準を下回る銀行に対して，ステップ2の対応を実施。	銀行自らが想定する将来の収益や自己資本の見通しについて，以下の観点から総合的に妥当性を検証。 ・地域の経済状況や顧客基盤の見通し ・実施予定の施策とその効果（トップラインの増強，経費削減，増資等） ・追加コストの発生（本店建替・償却，システム更改費用，減損，繰延税金資産の取崩し，信用コスト等） ・有価証券の出し入れ余力　等 その際，銀行が自らの経営理念・経営戦略に照らし，どのような金融仲介機能を発揮しようとしているか，必要な人的資源が十分に確保・育成・活用されているか等に留意。	ステップ2の結果，例えば，将来の一定期間（概ね5年以内）に，コア業務純益（除く投資信託解約損益）が継続的に赤字になる，または最低所要自己資本比率を下回ることが見込まれる銀行に対し， ・検査等を実施し，業務運営やガバナンスの発揮状況等について深度ある検証を実施。 ・報告徴求命令のほか，業務改善を確実に実行させる必要があると認められる場合には，業務改善命令を発出。

（出所）金融庁「利用者を中心とした新時代の金融サービス〜金融行政のこれまでの実践と今後の方針（令和元事務年度）」（令和元年8月），86頁

2-6 地域金融機関の「持続可能なビジネスモデル」の構築に向けた「経営のあり方」と「パッケージ策」

地域金融機関の持続可能なビジネスモデルの構築に向けた「経営のあり方」

金融庁は，2019年8月，令和元事務年度の金融行政方針「利用者を中心とした新時代の金融サービス～金融行政のこれまでの実践と今後の方針」を公表した。

その中で，「地域金融機関は，地域企業の真の経営課題を的確に把握し，その解決に資する方策の策定及び実行に必要なアドバイスや資金使途に応じた適切なファイナンスの提供，必要に応じた経営人材等の確保等の支援を組織的・継続的に実践する必要がある。このような金融仲介機能を十分に発揮することによって，地域企業の生産性向上を図り，ひいては地域経済の発展に貢献していくことが求められている。こうしたことが，金融機関自身にとっても継続的な経営基盤を確保する上で重要であると考えられる（「共通価値の創造」）」とし，そのため，「**確固たる経営理念を確立し，その実現に向けた経営戦略の策定とその着実な実行，PDCA の実践を図ることが重要**」であると指摘した。

あわせて，「対話に当たっては，金融機関との間で，**心理的安全性**（一人ひとりが不安を感じることなく，安心して発言・行動できる場の状態や雰囲気）を確保することに努める」とし，金融庁も金融機関に伴走する旨を打ち出した。

地域金融機関の持続可能なビジネスモデルの構築に向けた「パッケージ策」

金融庁は，上記行政方針において，「地域金融機関が持続可能なビジネスモデルの構築に向けて取組みを進めるためにも，それを取り巻く様々な環境を改善していく必要がある」として，「パッケージ策」を打ち出した。さらに，2020年8月に公表した「コロナと戦い，コロナ後の新しい社会を築く　令和2事務年度金融行政方針」においても，制度面の対応として，①銀行の業務範囲等の見直し，②包括担保法制等を含む融資・再生実務の検討（包括担保は1-9参照）を明記している。

今後も，地域金融機関からの環境改善に向けた提案には耳を傾け伴走する姿勢である。**あとは地域金融機関のやる気と本気度にかかっている**といえよう。

●地域金融機関の持続可能なビジネスモデルの構築に向けた「パッケージ策」

⑺ **地域銀行における競争政策のあり方**

➢ 地域銀行によるインフラ的サービスの維持と地域経済・産業の再生を図るため，「成長戦略実行計画」に基づき，独占禁止法の適用除外に係る特例法の制定に向け関係省庁として協力する。

⑻ **地域金融機関の業務範囲に係る規制緩和等**

➢ 地域企業の生産性向上等に向けた金融機関の取組みをサポートするため，地域活性化や事業承継等を円滑に実施するための議決権保有制限（5％ルール）の緩和や，地域商社への5％超の出資を可能にするなどの，業務範囲に関する規制緩和等を実施する。

➢ 金融機関が，コンプライアンス・リスクの低減を図りつつ，柔軟な人材配置を行うことで，人材（ヒューマンアセット）の育成とこれを通じた良質な顧客向けサービスの提供に取り組みやすくなるよう，人事ローテーション等に関する監督指針の規定を見直す。

➢ 他の金融機関向け出資に係る制限（ダブルギアリング規制）の特例承認について，地域の金融仲介機能の継続的な発揮に資する一定の出資等を対象範囲とするよう，告示等を見直す。

⑼ **経営者保証に関するガイドライン**

➢ 円滑な事業承継を促す観点から，事業承継時に焦点を当てた「経営者保証に関するガイドライン」の特則の策定に取り組むとともに，金融仲介の取組状況を客観的に評価できる KPI（「事業承継時の保証徴求割合」，「新規融資のうち経営者保証に依存しない融資割合」）を設定した。

⑽ **円滑な事業承継に向けた支援**

➢ 上記を踏まえ，金融機関に対し積極的な事業承継支援を促すとともに，特に自らの金融機関だけでは事業承継支援が行き届かない場合には，連絡会の活用等により支援センターとの連携に努めるよう促した。

⑾ **将来にわたる規律付け・インセンティブ付与**

➢ 地域金融機関の将来にわたる健全性を確保するための規律付け・インセンティブ付与としての機能も視野に入れ，預金保険料率のあり方の方向性について，関係者による検討を進める。

（出所）金融庁「利用者を中心とした新時代の金融サービス～金融行政のこれまでの実践と今後の方針（令和元事務年度）」（2019年8月），90-95頁

金融検査マニュアル廃止後の検査・監督①
―金融検査マニュアル廃止の意味

■ 検査マニュアル廃止の意味―地域経済エコシステムの「好循環のループ構築」

金融庁は，2019年12月，ディスカッション・ペーパー「検査マニュアル廃止後の融資に関する検査・監督の考え方と進め方」（融資に関する検査・監督DP）と検査マニュアルの廃止を公表した。

検査マニュアル廃止の最も重要なインプリケーションは，「**金融機関が向き合うべきは，先ずもって，金融庁や検査マニュアルではなく，企業経営者である**」ということである。向き合うことで，真の事業性評価に基づく融資や本業支援が可能となり，企業価値の向上（営業キャッシュフローの持続的な改善）が実現できる。債務者区分がランクアップし，最大のリスク管理・保全策・収益改善策（健全性）になる。キャッシュフローが改善すれば，給与も雇用もプラスになり，住宅ローン，投信・保険等の資産形成や人生設計がしっかりしたものとなる。地域活性化の結果，金融機関の営業基盤が強化され，「持続可能な

「「金融仲介機能の発揮」を起点とした地域経済エコシステムの「好循環のループ」の構築」

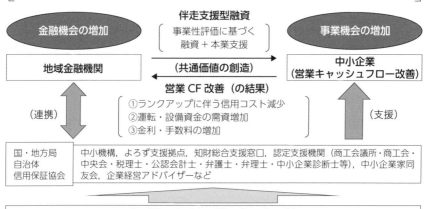

ビジネスモデル」の構築が実現できる（「共通価値の創造」）。

　企業，特に，全企業数の99.7％，雇用の7割を占める**中小企業の元気を引き出す金融仲介機能の発揮が起点となって金融機関の健全性確保と地域経済エコシステムの「好循環のループ」ができる**。金融機関は，拠って立つ地域の歴史・風土や産業構造，競争環境の違いのなかで，「好循環のループ」構築に向けて，ベストを尽くして組織的・継続的に取り組んでいくことが不可欠だ。検査マニュアル廃止の最大のメッセージ「金融機関の健全性は金融仲介機能の発揮があってこそ」の実践力が経営トップから現場まで問われることになる。ミニマムスタンダードを満たせばよいとか，他の金融機関のベストプラクティスとされる事例を真似すればよいといった時代ではもはやない。

■ 検査マニュアル廃止と会計監査

　日本公認会計士協会は，2020年4月22日，「金融機関の自己査定及び償却・引当に関する留意事項」を公表した。同内容は，政府が4月7日に公表した緊急経済対策「……個別の資産査定における民間金融機関の判断を尊重し，金融検査においてその適切性を否定しないものとする……」(7-1参照) を踏まえたものである（検査マニュアル廃止を反映）。**金融機関の判断を尊重するだけに，金融庁や監査法人は，金融機関のリスクガバナンス**（RAFの考え方（2-8，5-4参照））**が取締役会等に浸透し実践されているかを評価することとなる。**

■ 金融育成庁として「好循環のループ」構築を強く後押し

　金融庁は，2018年9月公表の平成30事務年度の行政方針「変革期における金融サービスの向上にむけて～金融行政のこれまでの実践と今後の方針～」において，「行政の実効性，そして透明性を確保しつつ，金融育成庁への動きを加速させ，金融行政の目標である企業・経済の持続的成長と安定的な資産形成等による国民の厚生の増大の実現を目指していく。」ことを表明した。「融資に関する検査・監督DP」と検査マニュアルの廃止は，金融育成庁として，金融機関が「好循環のループ」構築に取り組んでいくことを，強く後押しするものである。

金融検査マニュアル廃止後の検査・監督の全体像

　金融庁は，金融機関それぞれの経営理念・戦略が多様であることから，検査・監督においては，個々の金融機関の個性・特性に照らして実効的な内部管理態勢が構築され，経営理念や具体的な経営戦略が組織全体に浸透し，整合的な形で営業推進やリスク管理が行われているか等を評価していくことになる。

　融資ポートフォリオの信用リスクを特定・評価することは，償却・引当の適切性の議論のみならず，金融仲介機能の発揮に向けた経営戦略におけるリスクテイクや内部管理態勢のあり方，自己資本の十分性，収益性，ビジネスモデルの持続可能性についての対話を進めるためにも必要である。

　その際，金融機関が，過去の貸倒実績等や個社の定量・定性情報に限らず，**個社に帰属しない足元の情報，将来予測情報等，幅広い情報から信用リスクをどのように認識し，対応を検討しているかを評価**していく。

「リスクアペタイト・フレームワーク」の考え方に基づく対話の重要性

　こうした評価に関する対話では「リスクアペタイト・フレームワーク (注)」（以下，RAF：5-4参照）の"考え方"が参考になる。RAFの"考え方"に基づく対話では，財務上のリスクだけでなく，非財務的な要素も十分に勘案した対話を行うことを重視し，特に，**能力ある人材の採用・育成などを含め，必要な資源が適切に配分され，経営方針が金融機関全体で実現されていく態勢となっているか否か**について金融機関と議論していくことになる。

(注)　自社のビジネスモデルの個別性を踏まえたうえで，事業計画達成のために進んで受け入れるべきリスクの種類と総量を「リスクアペタイト」として表現し，これを資本配分等を含むリスクテイク方針全般に関する社内の共通言語として用いる経営管理の枠組みのこと。

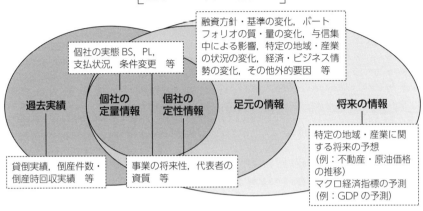

［信用リスクに関する情報の例］

（出所）金融庁「検査マニュアル廃止後の融資に関する検査・監督の考え方と進め方」（2019年12月），
18頁

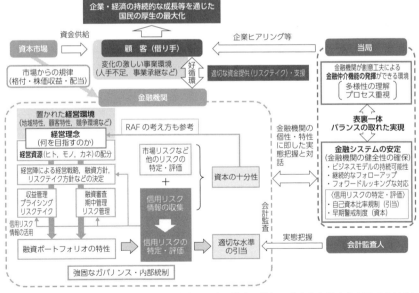

［融資に関する検査・監督の全体像のイメージ］

（出所）金融庁「検査マニュアル廃止後の融資に関する検査・監督の考え方と進め方」（2019年12月），
13頁

金融検査マニュアル廃止後の検査・監督③
―伴走支援型融資による将来の返済可能額（引当）の違い

■ 伴走支援型融資は将来の返済可能額（引当）を大きく左右し得る

「融資に関する検査・監督DP」(2-7参照) では，再生支援態勢を整備し再生に取り組んでいる金融機関とそうではない金融機関との間で，次のように，返済可能額（引当）が異なってき得ると明記している。

『貸出先の信用状態が悪化していても，事業継続が見込まれる場合には，金融機関の融資，再生支援等の方針やそれに基づく行動が貸出先の事業継続可能性や返済可能額に影響を与え，全体の返済額自体が拡大することもあり得る。

例えば，実効的な再生支援態勢を整備し，信用状態が悪化した貸出先についても，できる限り融資取引関係を維持して支援する方針の金融機関では，当該支援による事業継続可能性も勘案して，引当を見積もることが考えられる。』

すなわち，信用状態が悪化した貸出先について，経営者が3条件（①誠実，②やる気，③キラリと光るものがある［赤字や債務超過でもキラリと光る事業や商材など将来キャッシュフローを生み出すものがある］，1-10参照）を満たす場合，金融機関は「伴走支援型融資」(5-7参照) を行う支援対象先をグルーピングして，当該グループのリスク特性を考慮して，引当を見積もることができる。

一方，自行では再生支援のために割く人員を押さえ，信用状況が悪化した貸出先について，事業再生支援を行っている第三者に債権売却を行う方針の金融機関では，債権売却に伴う損失を勘案して引当を見積もることが考えられるため，前記の再生支援に取り組んでいる金融機関の引当とは差異が生じ得る。

■ 正常な運転資金と引当の見積り

「伴走支援型融資」と関係するが，「同DP」では＜BOX4＞を設け，**破綻懸念先についても，「資金繰り等を継続的にモニタリングすることを前提として，正常な運転資金と認められる貸出金のうち回収の確実性が合理的で裏付け**

可能なものをも勘案して引当を見積もることが考えられる。」と明記している。事実，実質破綻先をも再生支援で正常化させている金融機関さえある。

●＜BOX 4＞正常な運転資金と引当の見積り

債権の回収可能性を引当に反映するという観点からは，破綻懸念先債権の引当の見積りにあたっても，担保・保証による回収見込額のみならず，資金繰り等を継続的にモニタリングすることを前提として，正常な運転資金と認められる貸出金のうち回収の確実性が合理的で裏付け可能なものをも勘案して引当を見積もることが考えられる。

この考え方に基づき，将来のキャッシュフローを見積もる方法を採用する場合には，上記の正常運転資金額を将来のキャッシュフローに織り込んで評価すれば足りると考えられる。

このほか，予想損失率を用いる方法を採用する場合には，上記の正常運転資金額を担保・保証等による回収見込額に含めて見積もる方法や，担保・保証による回収見込額以外の将来のキャッシュフローが見込まれる貸出先をグルーピングして，正常運転資金の回収見込みを織り込んだ予想損失率を用いて引当を見積もる方法等が考えられる。

●＜BOX 4＞に対するパブリックコメントの結果

（提出意見 59 番）「債権の回収可能性を引当に反映するという観点からは，破綻懸念先債権の引当の見積りにあたっても，担保・保証による回収見込額のみならず，資金繰り等を継続的にモニタリングすることを前提として，正常な運転資金と認められる貸出金のうち回収の確実性が合理的で裏付け可能なものを勘案して引当を見積もることが考えられる。」と記載されていますが，破綻懸念先は「今後，経営破綻に陥る可能性が大きいと認められる債務者」であり，通常，融資継続は元金返済猶予の状況にあると考えられることから，正常な運転資金と認められる貸出金を回収キャッシュフローとする記載は適切ではないと考えます。

（提出意見 60 番）破綻懸念先は，今後経営破綻に陥る可能性が大きいと認められる債務者であり，「正常な運転資金と認められる貸出金」というものはないと考えられることから，表現の修正が必要と考えます。

（金融庁の考え方）本文書に「現状の実務では，実質債務超過に陥っている貸出先については，事業継続可能な先であっても，保守的に破綻懸念先に区分した上で，再生支援等を積極的に行う方針を採用している金融機関も存在する」と記載しておりますとおり，破綻懸念先に区分される債務者であっても，「正常な運転資金と認められる貸出金」も存在し得ると考えております。

（出所）金融庁「コメントの概要及びコメントに対する金融庁の考え方」（2019年12月），27頁

2-10 金融検査マニュアル廃止後の検査・監督④
―金融機関は個性・特性を活かして「創意工夫」を競う時代へ

■ 金融機関は個性・特性を活かして「創意工夫」を競う時代へ

「融資に関する検査・監督 DP」(2-7参照)では,「当局は,定着した償却・引当に関する現状の実務を否定しない」としており,現行の自己査定や償却・引当の業務は認められるが,「現状に安住する」という認識では不十分である。

金融庁は,金融機関がどのような環境にあって,何を目指しているのか(経営理念),そのためにどのような融資方針を採り,実際の融資業務の進め方や収益状況と融資方針との関係はどうか等の観点から,各金融機関の個性・特性に基づく着眼点を検討し,リスクベースでの実態把握を行う。その際には,金融仲介機能の発揮状況をより深く理解するための個別貸出についての対話や,融資審査,期中管理,信用リスク管理,自己査定,償却・引当等の融資に関する各態勢の実効性評価のための個別貸出の検証も必要に応じて行うことになる。その際のキーワードが**個性・特性を活かした「創意工夫」**である。

■ 融資に関する検査・監督と金融機関の「創意工夫」との関係の具体例

「同 DP」では< BOX 5 >を設け,「金融機関が,経営理念・戦略に沿って,融資についての自主的な創意工夫や,引当の見積りを含め信用リスクの特定・評価のプロセスを改善に取り組もうとしても,当局が特定のビジネスモデルを想定した一律の検査・監督を行えば,金融機関の取組みを制約する可能性がある。そのため,当局としては,金融機関の自主的な創意工夫を制約しないよう,当該金融機関の個性・特性に即した形で融資に関する検査・監督を進めていく。」との検査・監督方針を打ち出している。

さらに,次のような「融資に関する検査・監督と金融機関の創意工夫との関係の具体例」を示した上で,「このように,金融機関の個性・特性に即して,優先課題の対話を行っていくことは,金融機関において,改善の取組みを制約

されることがなくなり，自らの経営理念に沿った形での様々な創意工夫に取り組みやすくなることに加え，健全性の適切な評価にも資するものと考えられる。」と明記している。対話は，いわば，ティーチング（教える）ではなくコーチング（気付きや能力を引き出す）である。

　すでに，地域金融機関の中には，監査法人とのやり取りを通じて，創意工夫を実践している金融機関が少なからず出てきている。**地域金融機関の「自分の地域は自分で守る」**（地域経済エコシステムの「**好循環のループ**」構築）**という「金融機関の創意工夫の本気度」にかかっている**といえよう。

●＜ BOX 5 ＞融資に関する検査・監督と金融機関の創意工夫との関係の具体例

（過去①）　当局による個別貸出の査定の際に，金融機関が，地元の再生支援対象の貸出先の事業の将来性等を説明しても，当局がこれに理解を示さず，実質債務超過だから破綻懸念先ではないかとの指摘を行えば，金融機関内部でも，当該先に対する経営改善支援や追加融資に消極的になる可能性がある。

（新たな姿）　個別の債務者区分が間違っているかどうかの検証に注力するのではなく，当該金融機関が経営理念に沿ってどのように顧客の再生支援に取り組んでいるのかを把握し，顧客の経営状況や再生支援の合理性等を検討した上で，今後支援をさらに行っていく上での課題について議論する。

（過去②）　当局が，金融機関による恣意的な引当の見積りを過度に懸念して，過去の貸倒実績率に依拠した見積りを一律に強制すれば，金融機関によってはかえって信用リスクに対して適切な引当を見積もることができず，ひいては当該金融機関の健全性を適切に評価することが困難となる可能性がある。

（新たな姿）　関係者との議論を経て，様々な融資ポートフォリオの特性に合った引当の見積方法を今後蓄積・公表していくことで各金融機関の取組みを進めやすくするとともに，個別の金融機関に対しては，引当の見積りプロセスの検証を重視し，例えば，当該金融機関の経営陣が，支援対象先をグルーピングした上で当該グループのリスク特性を考慮して引当を見積もるといった取組みを尊重する。

（過去③）　地元の中小企業向け融資の貸出残高が，金融機関が想定していたように伸びず，一時的に収益が悪化している場合に，当局が金融機関の経営理念に理解を示すことなく，本業赤字であることを単に指摘し，ビジネスモデルの持続可能性に疑問を呈する。

（新たな姿）　当該金融機関の経営理念・方針を起点として，リスクに見合ったリターンをどのような時間軸で見込んでいるのかを理解し，当該金融機関の健全性の程度も勘案しつつ，時間軸を意識してモニタリングする。

（出所）金融庁「融資に関する検査・監督 DP」（2019年12月），35頁

コラム2-① 融資研での発言

　金融庁の「融資に関する検査・監督実務についての研究会」（著者はメンバー）での著者の発言（第1回：2018年7月4日開催）は，本書を貫く"思い"なのでここに記しておきたい（金融庁HP・同研究会議事録から抜粋）。

『○森メンバー
　全国の中小企業を金融面から支援する活動を行っている者です。中小企業の社長や次世代経営者といろいろ話をしていますと，中小企業は，人口減少や少子高齢化，人手不足などの非常に厳しい状況の中でも，日夜，果敢に挑戦し，事業リスクをとっている。真剣に挑戦し続けている，そういった事業者が多い印象があります。
　そのときに，現行の検査マニュアルをベースとしたようなことから出てきているんだと思いますけれども，不動産担保や代表者保証が融資条件だとか，担保・保証がないと，特に中小・小規模事業者にはお金を出しませんよとか，そういった議論が，これは中小企業を支援している私の耳にはどんどん伝わってきます。
　担保・保証をいくらとっても，中小企業が挑戦している事業リスクそのものを減じることはないわけですよね。本来金融機関がやるべきは，例えば銀行法の第1条にございますように，国民経済の健全な発展に資することを目的とするということで，まさに今申し上げた，中小企業が果敢に事業リスクをとっている，そこを金融機関としては寄り添って，事業性評価という言葉がございますけれども，事業をしっかりと理解した上で融資や本業支援を実践することで，中小企業の企業価値，つまり，付加価値である営業キャッシュフローを改善し持続的に成長させていくことが，国民経済の健全な発展に資するということです。
　事業性評価については先ほどご説明がありましたけれども，事業そのものは運転資金のところがまずベースになりますが，そこが短期継続融資ではなくて，証書貸付になっているという事実，これも検査マニュアルの結果というような説明がありました。そういった点も含め，本来の事業の理解に基づく融資の仕方，それも本来あるべき，例えば運転資金に見合うような，疑似エクイティである短期継続融資を行っていく。中小・小規模事業者は上場していませんので自己資本は少ないが，正常運転資金に短期継続融資を対応させたお金の貸し方をやっていく。そうすると事業である商流とその逆の流れである金流の同時把握という動態事業性評価ができるし，それに基づき本業支援もする。貸し付けと使途の対応関係をハッキリさせていくことが，企業価値の向上に直結します。

44

目指すべきは，中小事業者の挑戦に見合う，営業キャッシュフローを改善し持続的に成長させていくことであって，それこそが担保・保証による保全という話ではなくて，まさに営業キャッシュフローを高める，持続的に成長させていくことこそが最大のリスク管理であり，保全策だと考えます。もちろん担保・保証をとってはいけないという話をしているわけではなくて，順序をまず事業を理解して，そこに本来あるべき融資や本業支援をしていく。そういう建て付けになるようなプリンシプルを今回，融資の基軸として打ち立てるべきと思います。あまり細則にこだわると，またその細則だけをチェックしていくというようなことになりかねないので，プリンシプルをベースにした，キャッシュフローをいかに高めるかといったところを中心にしたプリンシプルをしっかりと確立できればと感じています。

　まさに中小事業者が営業キャッシュフローを高めれば，これは金融行政方針にも明記されていますけれども，共通価値の創造，クリエイティング・シェアード・バリューができます。中小事業者の企業価値の向上の結果として，金融機関の持続可能なビジネスモデル，サステイナブルなモデルができる。そういう順序の認識をしっかり共有する，共有できるような，それを支えるプリンシプルが重要だと考えています。以上です。』

コラム2-② 経済なき道徳は戯言であり，道徳なき経済は犯罪である

　民間金融機関によるコロナ対応の実質無利子・無担保の融資（「ゼロゼロ融資」と呼称）の現場をみると，検査マニュアル廃止の真意（2-7～2-10参照）が理解されないまま，従来型のノルマ営業の下で，国民の納めた税金が必ずしも適切に使われていない事案を目にする。

　ゼロゼロ融資の現場では，例えば，中小企業経営者から著者に，「売上がコロナ下でも伸びているのに，５行取引のうちのサブバンクから単独でゼロゼロ融資の提案があった。『新聞情報では売上が減少していないと申請できないはず』とサブバンクに尋ねたところ，『委任状と謄本をいただければ，こちらですべて済ませます。誰も内容を見ませんから。他行の借り換えもできます。』との回答があり，怖くなった」などの相談が少なからず寄せられている。また，金融機関の現場からも著者には，心ある声として，「リスクゼロ（セーフティネット保証４号や危機対応保証）で，国の税

金から支払われる利息を受け取るのでモラルハザードそのもの。度を越したノルマ営業が背景にある。気が滅入ってしまう」などが届いている。さらに，税理士など認定支援機関からは，「信用保証協会は国の機関として，最初の決算期を迎えた際には，"帳簿の証拠力"に着目し，会計帳簿と月次の売上が記入されている事業概況説明書（税務署への必須提出書類）を求めてチェックして，不正事案であれば利息や保証料，過怠金を国が公表し請求すべき」との指摘も届いている（8-2参照）。

二宮尊徳の生誕の地（小田原）にある報徳二宮神社の尊徳像には「経済なき道徳は戯言であり，道徳なき経済は犯罪である」と記されている。「明るい未来を切り開く"正義"が王道にある国か」が問われる。同時に，「経済ある道徳」への打ち手も，今，待ったなしだ。

2020年9月8日，日本銀行が公表した貸出残高統計によると，貸出残高（銀行・信金計）の前年比は2020年1〜3月＋1.9％，4〜6月＋4.7％，7月＋6.4％，8月＋6.7％と急増しており，多くの企業がコロナ対応として借り入れた債務（いずれは返済すべき塊）の伸びを示している。事業性のある事業者を資金繰り破綻から救済するために資金支援が必要な局面は当面続くとしても，ウィズコロナからアフターコロナへの対応としては，資金を付けて一丁上がり金融ではなく，資金を付けたまさに今，将来キャッシュフローの源泉である知的資産の可視化（ローカルベンチマークや経営デザインシートの活用（3-1〜3-4参照））による事業の理解に基づいて，地域経済エコシステムの建て直しと明るい未来を切り開く経営改善・事業再生・成長支援（伴走支援型融資）に真に取り組んでいくことが不可欠である（5-8, 8-3参照 (注1)）。

全国の検査官・監督官は，検査マニュアル廃止後を展望して積み上げてきた，金融機関との「深度ある対話」の力量を遺憾なく発揮する (注2) ことで，金融機関，認定支援機関（税理士等），中小機構，よろず支援拠点などの総力を結集し地域経済エコシステムの「好循環のループ」を構築する動きを，力強く後押ししていってほしい。

(注1) 著者が取り組む［伴走支援型融資］＝［専用当座貸越など疑似エクイティ ＋ 業績連動型資本性ローン＋株式担保融資］（財務を支える）＋［本業支援］（将来キャッシュフローの改善を支える）(5-8参照)

なお，株式担保融資は，2019年10月の銀行法施行規制の改正（銀行の議決権保有制限緩和）に即したもの。

(注2) ニッキン「金融庁 検査官への対話力向上研修」(2017年11月3日)にて，「金融庁は，検査官が地域金融機関の経営陣とビジネスモデルの改善策について議論する能力を高めるための研修を実施する。

（中略）

銀行経営陣と実のある議論をするには検査官の能力向上が喫緊の課題。今後，同庁や財務局の検査官らを対象に地域金融機関の研修を強化する。主な研修テーマは中小企業金融の現状，事業性評価，企業向け経営支援のベストプラクティス事例など。講師には専門家に加え，中小企業経営者を招くことも検討している。……」が報じられている。

第 **3** 章

政府の中小企業支援における事業の「見える化」と「磨き上げ」に向けた取組みと支援策

「ローカルベンチマーク」①
─概要と活用事例（福島銀行）

■ 「ローカルベンチマーク（略称 ロカベン）」の概要

　2016年4月，「ローカルベンチマーク活用戦略会議」（著者も委員）がスタートした。政府（内閣官房，内閣府，金融庁，総務省，事務局：経済産業省），貸し手の金融機関（全国銀行協会ほか），借り手の日本商工会議所・商工会・中央会，支援機関の中小機構，中小企業再生支援全国本部，日本税理士会連合会，TKC全国政経研究会，日本公認会計士協会，中小企業診断協会，日本弁理士会等が総掛かりでロカベンの開発と全国への普及・浸透に取り組んできている。

　ロカベンは，将来キャッシュフローの"源"である非財務情報を捉えるところが最大の特徴である。なお，対話内容の総括である「現状認識」「将来目標」は「経営デザインシート」（3-3，3-4参照）と"対"になっており補完関係にある。

●ローカルベンチマークの概要

> 　ロカベンは，**企業の経営状態の把握（健康診断）を行う**ツール（道具）として，企業経営者や金融機関・支援機関等が，企業の状態を把握し，双方が同じ目線で**「対話」**を行うための枠組みであり，**事業性評価の「入口」**として活用されることが期待されている。具体的には「参考ツール」を活用して，**財務情報**（6つの指標：①売上高増加率（売上持続性），②営業利益率（収益性），③労働生産性（生産性），④EBITDA有利子負債倍率（健全性），⑤営業運転資本回転期間（効率性），⑥自己資本比率（安全性））と**非財務情報**（4つの視点；①経営者への着目，②事業への着目，③関係者への着目，④内部管理体制への着目＋業務フロー＋商流）により，企業の経営状態を把握し早期の支援につなげていくものである。

■ ローカルベンチマークの活用は待ったなし

　金融機関の中には事業性評価シートを独自に作成し，支店長や担当者が企業経営者と面談するケースが増え，「これまで途絶えていた対話を再開するきっかけになる」等の声も聞かれる。ただ，金融機関内部の業績評価で事業性評価シート作成が加点等されることから，シートを埋めることが自己目的化し一方

通行の情報収集で終わっている場合が少なくない。企業経営者が期待する課題と解決策の認識共有がされず，更新もされないケースが少なくない（はじめに参照）。

　一方，ロカベンは企業経営者に普及してきているので，税理士など認定支援機関，金融機関が一緒に作り，事業の業務フローや商流，経営者の課題が共有されることで，中小企業支援の補助金申請や金融支援に活用されるケースが増えている（ロカベンを搭載したミラサポ plus は3-7参照）。ロカベンはクラウドや音声入力を活用すると，経営者が経営課題や気付きを随時更新できる。また，金融機関の支店長や担当者が交代しても，経営者が一から説明する必要がなくなり，金融機関も融資審査にかける時間が大幅に減少している（注）。

(注) 民間金融機関のコロナ対応において，「ロカベンで日頃から社長と対話し可視化（文字化）してきたので即日融資と商流図等を踏まえた本業支援に取り組んでいる」との声が多い。

◾ 「ローカルベンチマークの活用事例」（福島銀行）

　福島銀行がロカベンを F 社に活用した事例である。3-2へ続く。

企業の健康診断ツール
ローカルベンチマーク

財務分析診断結果

■財務指標

指標	算出結果	貴社点数	業種平均値	業種平均点数
①売上高増加率	-2.7%	2	3.7%	3
②営業利益率	1.7%	3	1.5%	3
③労働生産性	316(千円)	2	752(千円)	3
④EBITDA 有利子負債倍率	22.1(倍)	1	6.4 (倍)	3
⑤営業運転資本回転期間	8.5(ヶ月)	1	1.2 (ヶ月)	3
⑥自己資本比率	21.9%	3	26.5%	3
総合評価点	**12**	**C**		

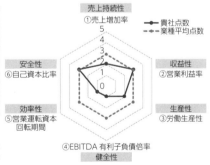

※ 1 各項目の評点および総合評価点は各項目の業種平均値からの乖離を示すものであり，点数の高低が必ずしも企業の評価を示すものではありません。非財務指標も含め，総合的な判断が必要なことにご留意ください。
※ 2 総合評価点のランクは A：24点以上，B：18点以上24点未満，C：12点以上18点未満，D：12点未満

■基本情報

商号	株式会社 F
所在地	福島県
代表者名	●● ●●
業種 (選択)	小売業

売上高	***,*** (千円)
営業利益	**,*** (千円)
従業員数	35 (人)

（出所）経済産業省「平成28年度産業経済研究委託事業【参考】モデル事業報告書」，33頁

「ローカルベンチマーク」②
—福島銀行（活用事例）

■「ローカルベンチマーク」の活用事例

　伝統工芸品の製造・小売りのF社は，財務情報（3-1参照）だけでは，レーダーチャートでも明らかなように業種平均を下回っている。福島銀行はロカベンを活用しながら経営者との対話や現場の実地調査をすることで，F社が，①特許を取得したオリジナル商品を多数開発し，顧客ニーズに合わせた世界に1つだけの「組み合わせでの販売」をしていること，②全国220以上の人間国宝を含む名匠，職人と直接仕入をしているため，このようなビジネスモデルが可能であること，③このため，今後も多大な在庫を抱える必要があり，複数に分かれている倉庫は1ヵ所に集約したい意向があること等について，相互に認識が共有でき，次のような「新たな気付き」で「信頼関係」が深まった。

●銀行側の「気付き」と「融資・本業支援」

① 　情報の非対称性は顧客ではなく，金融機関が聞かない，記録しない，引継ぎしないことが原因であり問題。行内の事業性評価シート（非公開）とは違い，ロカベン（公開）は，経営者としっかり認識を合わせることが可能である。 ② 　支店長や担当者が交代しても，情報の漏れを少なくし，無駄が省ける。 ③ 　当座貸越（従前は手形貸付）で運転資金を支援。 ④ 　倉庫の集約化は，金融機関のネットワークを活かし物件紹介・資金面で支援。

●企業側の「気付き」と「感想」

① 　ロカベンの活用により，事業内容を様々な形で伝えられる。事業を知ってもらうと，今まで以上の信頼関係も構築され，ビジネスの横の繋がりも広がる。 ② 　「手形貸付から当座貸越へ切り替えた効果」は，発注から支払いまで220先の取引先それぞれに支払の時期は異なり，手形借入では最初に金額を確定させなければならなかった。これが当座貸越に変わったことで，借入れと支払いが細かく対応できるようになり，資金繰りが効率化・安定化し，ありがたい。経営者保証の解除も嬉しい。

非財務ヒアリングシート（4つの視点）～ヒアリング内容～

経営者への着目	経営者自身について ビジョン 経営理念	昭和 ** 年 * 月 ** 日生（** 歳）●●県出身 平成 * 年 * 月、●●高校卒 平成 * 年 * 月、●●大学卒 同年 * 月、●●入社（専門商社）で営業職を経験。 平成 * 年 * 月、当社に入社。 平成 ** 年 * 月、商号変更時に代表者に就任。 「地域一番店」を目指し、末永く地域に貢献していくことが務めと思っている。	企業を取り巻く環境関係者への着目	市場規模・シェア 競合他社との比較	当社は企画から製造、販売、アフターサービスまで一貫したトータルシステムを保有。
				顧客リピート率 主力取引先企業の推移	全国●●●以上の名匠、職人との直接取引で、利用者のニーズに対応した商品提案が可能。
				従業員定着率	従業員定着率：新規採用者は定着せず、平均年齢増加傾向。
				勤続日数	休日：閑散期（●曜日、繁忙期（●月～●月）定休日なし
				平均給与	平均給与：** 万円程度
	後継者の有無	無		取引金融機関とその推移	
事業への着目	企業及び事業沿革	会長である●●●●氏が昭和 ** 年上京し、写真店に勤務。 昭和 ** 年●●●に勤務し営業部に所属。 昭和 ** 年に独立し、妻の出身地である●●市に●●●を開業。 ●●協会加盟店	内部管理体制への着目	組織体制	株式保有割合：（父）** %、（母）** %、（本人）** %
	技術力、販売力の強み	特許を取得した●●●（●●、●●、●●、●●●●●）をはじめ、独自商品多く、●●●●●●●の品揃えがある。●●●は●●●●●●●●当社オリジナル商品として、顧客ニーズに対応することができる。		経営目標の有無 共有状況	経営目標は地域一番店になり、生き残る。
	技術力、販売力の弱み	●●の多様性は、部品の種類、品数の増加に繋がり在庫が大きくなる特性がある。		社内会議の実施状況	一カ所に集合し会議は行っていない。定期的に専務が各店舗を訪問し、店舗運営について指示を行っている。
	ITの能力 イノベーションを生み出せているか	ホームページ保有。 社長は facebook も利用。		人育成のやり方システム	OJT中心、先輩社員の販売を見て学習する。お客様が100人いたら、100通りの販売方法がある。 笑顔、やる気、根性が大事。
業種特性		●●業界は「少子化問題」が影を落とし、厳しい状況は今後も続く。 良い職人ほど、後継者不足が深刻。		課題・問題点	（銀行）季節商品による多大な在庫、必要運転資金調達。 （企業）少子化に加え、伝統行事に対する意識の希薄化。 （企業）社員の高齢化、ノウハウの継承、人材育成、倉庫不足。
		●男●女の父。多忙な仕事ゆえ「行事や子供との触れ合いは大切にしている。その際「子供の目線でつきあう」のが大切だという。		支援策・改善策	（銀行）棚卸資産を担保とする当座貸越を実施済。 （銀行）●●向けの●●●●はないか？ （銀行）伝統工芸の紹介

■製品製造，サービス提供における業務フローと差別化ポイント

■商流把握

（出所）経済産業省「平成28年度産業経済研究委託事業【参考】モデル事業報告書」，34頁

3-3 「経営デザインシート」①
―概要

■ 「経営デザインシート」の概要

　知的財産戦略本部（本部長：内閣総理大臣）は，2017年11月，「検証・評価・企画委員会」の下に「知財のビジネス価値評価検討タスクフォース」（著者も委員）を設置した。「経営デザインシート」の開発・普及の狙いは次の通りである。

　経営者に「自分の将来について考えていますか？」と問いかけた場合，多くは「もちろん，考えている」と答えるだろうが，**将来，5年後，10年後の未来社会はどうなっていて自社はどんな価値を提供しているか，具体的にイメージできているだろうか？**「経営デザインシート」は金融機関も含めた企業等が新しい価値をデザインし実現するための打ち手が1枚にまとめられ，自社の将来事業を構想（デザイン）するための思考補助ツールである（注）。

　「経営デザインシート」の作成ポイントは，**未来からバックキャスト**して考えることである。

(注) 首相官邸ホームページ『知的財産推進計画2020 ～新型コロナ後の「ニュー・ノーマル」に向けた知財戦略～』(2020年5月27日)，33-34頁参照。

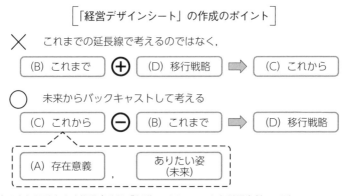

（出所）内閣府知的財産戦略推進事務局「経営デザインシート」説明資料，9頁

[「経営デザインシート」の概要]

100文字でいうと

環境変化に耐え技さ持続的成長をするために、(A)自社や事業の存在意義を意識した上で、(B)「これまで」を把握し、(C)長期的な視点で「これから」の在りたい姿を構想する。(D)それに向けて今から何をすべきか戦略を策定する。

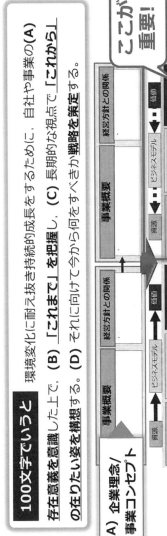

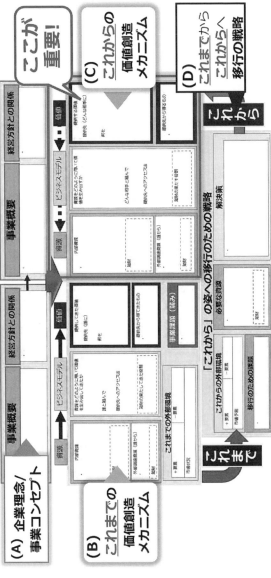

(A) 企業理念/事業コンセプト

(B) これまでの価値創造メカニズム

(C) これからの価値創造メカニズム

(D) これまでからこれからへ移行の戦略

ここが重要!

（出所）内閣府知的財産戦略推進事務局「（講演動画）知的財産管理技能士会（約60分）」のハンドアウト、6頁

「経営デザインシート」②
—大和合金株式会社・三芳合金工業株式会社（活用事例）

🔲 「経営デザインシート」の活用事例

「経営デザインシート」の活用事例として，「大和合金株式会社・三芳合金工業株式会社」を取り上げる(注)。同社は「知財のビジネス価値評価検討タスクフォース」の委員も務めた萩野源次郎氏が代表取締役社長であり，著者も「経営デザインシート」作成に同タスクフォース委員として一部関わった。

（注） 首相官邸ホームページ（知的財産戦略本部「経営をデザインする」）
https://www.kantei.go.jp/jp/singi/titeki2/keiei_design/index.html

🔲 利害関係者と会社の羅針盤を共感する秘密兵器として活用

萩野氏は「経営デザインシート」を，①社員に対しては，**社長が船長の「大和丸」の現在地と目的地を共有する手段**（社員は自分のミッションに応えることで精一杯なので海図が必要），②社外の取引先に対しては，**「大和丸」を正確に理解してもらう情報発信機**（社外の方は会社の一面だけみて偏った判断をする場合が多い）として活用している。

「経営デザインシート」の作成は，①経営幹部全員が「自社の特徴」や「自社の課題」と感じている点をポストイットに書き出し，一人ずつ順番に説明しながら模造紙に貼り付ける。②貼り付けたものをグルーピング。③社内の歴史の振り返りを含め，これまでの自社について議論しながらドラフト作成を重ね，将来の事業ポートフォリオや経営方針に基づく案を作る。④さらに，外部の有識者を交えて，将来どのような会社でありたいかを議論して完成させた。

「経営デザインシート」の効果は，①幹部や社員が日々の業務遂行や部門の目標を考えるときに立ち返って考える拠り所ができた。②新たな分野へ挑戦する時の戦略・戦術・作戦を立てる際の骨太方針になる等である。

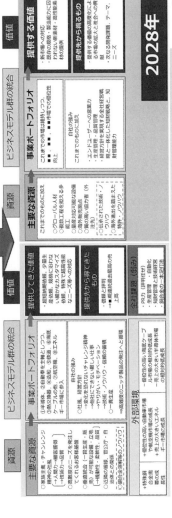

（出所）首相官邸ホームページ（知的財産戦略本部「経営をデザインする」）

ESG金融・SDGs経営①
—概要

■ ESG 金融・SDGs 経営とは

環境省「ESG 金融懇談会」(著者も委員)は,2018年7月,「ESG 金融大国を目指して」を公表した。前文において,『パリ協定と SDGs が目指す脱炭素社会,持続可能な社会に向けた戦略的なシフトこそ,我が国の競争力と「新たな成長」の源泉であるとの認識の下,直接金融において先行して加速しつつある ESG 投資をさらに社会的インパクトの大きいものへと育むとともに,間接金融においても地域金融機関と地方自治体等の協働と,グローバルな潮流を踏まえた金融機関の対応により ESG 融資を実現する必要があることを確認した。そのために,自らが各々の役割を果たすと同時に,国も必要な施策を講ずるよう提言する。』と,地域金融機関の ESG 融資の重要性を打ち出している。

その上で,次のように「**ESG 金融とは真のリレーションシップ・バンキングを追求していくことに等しい**」と指摘している。

●地域の核としての地域金融機関に求められる姿勢

地域金融機関は,地域のヒト・モノ・カネが集中しやすい地域の核であり,その果たすべき役割は,地域経済を持続的に成長させることである。一方,地域では,生産年齢人口の減少と高齢化に伴う人手不足やマーケットの縮小が進行しており,地域金融機関は地域企業の生産性向上,新たな収益源の模索といった事業の将来のあり方をともに考える必要性を突きつけられている。多くの地域金融機関にとって,厳しい経営環境の下,持続可能なビジネスモデルの構築に向けた組織的・継続的な取組が必要とされている。その際,顧客の ESG 課題や地域の SDGs の視点なくして,顧客本位の持続可能なビジネスモデルを構築することは困難といっても過言ではない。

そもそも,非財務情報を含め企業の様々な情報を与信判断や債権管理に活用することが求められる間接金融にとっては,ESG は必須の概念ともいえる。地域における ESG 金融とは,これを再発見し,真のリレーションシップ・バンキングを追求していくことに等しい。

地域金融機関は,経営トップ層のリーダーシップの下,組織全体としてこうし

た認識をもちながら，体制や人材を整え，事業性評価に基づく融資や本業支援に真に取り組むべきである。

また，地域金融機関は，金融仲介機能のベンチマーク等を活用して金融仲介の取組状況を「見える化」するよう奨励されているところであるが，「見える化」に当たっては，非財務情報の一つとして，ESG，SDGs を重視した取組についても開示を行うことは有効である。これにより，当該地域金融機関のビジネスモデルの見直しや自行の企業価値の維持・向上につながり，機関投資家が当該地域金融機関に対する働きかけや投資戦略立案を立てやすくなり，また，機関投資家が影響力を持たないような地域金融機関を含め，各金融機関を取り巻くステークホルダーへの説明責任の一助となり得る。

（出所）環境省「ESG 金融懇談会 提言～ESG 金融大国を目指して～」（2018年7月27日），7-8頁

◾ 金融機関の「健全性」は「金融仲介機能の発揮」があればこそ成り立つ

「ESG 金融懇談会」の討議において，リレーションシップ・バンキングの重要性が取り上げられ，それに関して，京都信用金庫の増田理事長（現顧問）から，「SDGs は17の目標と169のターゲットで構成されており，最も ESG 金融を意識した内容は，**8.10『国内の金融機関の能力を強化し，すべての人々の銀行取引，保険および金融サービスへのアクセス拡大を促進する』**であり，これが ESG 金融ではないか」，「地域社会や顧客との相互理解が ESG 金融への道であり，近江商人の『三方良し』や二宮尊徳の報徳思想に親和性が高いと考える」（2018年5月 ESG 金融懇談会資料5頁）との発言があり，賛同の旨が示された。

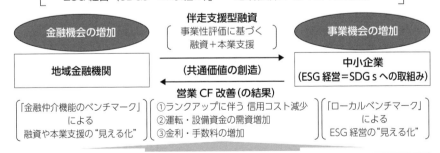

ESG金融・SDGs経営②
―山陰合同銀行

◾ 山陰合同銀行におけるESG・SDGsに関する取組み

　山陰合同銀行の石丸頭取（現会長）は「ESG金融懇談会」(2018年5月) にてプレゼンを行い，『「地域金融機関の目指すべき姿」として，①地域金融機関の存続はひとえに地域経済・地域社会の持続可能性にかかっている。②従来のCSRに加え，本業において環境保全，地方創生，地域経済活性化に取り組み，地域・顧客・銀行ともに持続的に成長できる社会を形成することが重要である。③「リレーションシップ・バンキング」を普遍的なビジネスモデルとし，2018年度からの中期経営計画においても「地域・お客様の長期的な価値向上を第一に考えチャレンジします」を行動基準とし，真っ向から取り組んでいく』と語った。RAF（5-4参照）の実践により金融包摂に取り組むフロントランナーである。

◾ ESG・SDGsに関する具体的な取組み（「金融包摂」そのもの）

　山陰合同銀行はCSRの一環として環境保全に取り組むと同時に，地域社会の発展・活性化に関する次のような活動を徐々に発展・拡大してきている。

(1) 地域の環境保全

① 省エネ，省資源，リサイクル活動への取組みでは，2011年度に全営業店を対象に省エネコンペを実施し，以降も継続的に取り組んできたほか，省エネ型エアコン等の省エネ・環境配慮型製品の導入を進めている。

② 地域の自然を守り育むため，2006年から森林保全活動を開始。間伐や植樹などの実践的な活動を継続的に実施している。

③ 環境に係る取引先支援では，J-クレジットの活用支援として，鳥取県，日南町，養父市からJ-クレジット地域コーディネーター認定を受け，2010年からJ-クレジットの販売支援を始め企業の環境保全への意識付けになる

という思いで取組を続けている。

④　また再生可能エネルギー事業参入のサポートを本部と営業店が協力して取り組んでおり，2012年には，全国初となる民間主導型の汚泥炭化施設の建設に対するシンジケートローンを実行した。

(2)　地域社会の発展・活性化

①　2015年度スタートの「1人1社運動」を2018年度からは全取引先に「付加価値向上運動」として展開し，地域・お客様の付加価値を向上することで，持続可能な地域社会の実現を目指している。

②　障がい者の自立支援や社会参画支援として，2007年に知的障がい者が就労する事業所「ごうぎんチャレンジドまつえ」を開設。制作した絵画が経済的価値を生み出す仕組み「ゆめいくワークサポート事業」を島根県・島根県社会福祉協議会とともに作り，障がい者の自立を支援している。

③　2012年には，私塾「尚風館」を開校。青少年を対象とし，高い志を持って社会の中で活躍できる人材の育成に取り組んでいる。

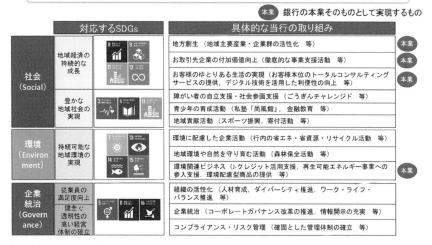

（出所）山陰合同銀行「2019年9月期決算説明会」，27頁

中小企業政策のデジタル・ガバメント
—ミラサポplus

中小企業政策のデジタル・ガバメント

政府は，「デジタル技術の徹底活用と官民協働を軸として，全体最適を妨げる行政機関の縦割りや，国と地方，官と民という枠を超えて行政サービスを見直すことが，我が国が抱える社会課題を解決し経済成長を実現するためのカギとなる」との考え方の下，行政のあり方そのものを変革していくデジタル・ガバメントの実現に取り組んでいる（政府CIOポータル）。

経済産業省・中小企業庁ではデジタルトランスフォーメーション室を設置し，中小企業施策をデジタル情報として管理する中小企業支援プラットフォームの構想を立ち上げ，次の機能を事業者・支援機関（金融機関を含む）向けサービスとして**ミラサポplus**に実装していく取り組みを行っている。たとえば，電子申請機能を強化し，①一度提出した情報は再度の入力が不要となる**ワンスオンリー**機能を実装し，事業者・支援者の入力負担を軽減させる。②登録情報や行動パターンに基づき，事業者ごとに最適な支援制度を知らせる**リコメンデーション**機能を有する。③**ローカルベンチマーク**（3-1，3-2参照）を搭載し，経営診断に基づくより精緻なリコメンデーションを提供する等である。すべての省庁や自治体の補助金・助成金の申請等が同プラットフォームに集約・実施されていくことを目指す。ミラサポplusはこれら構想の一部を2020年4月よりサービス提供しており，今後，段階的に機能が拡張される。

ミラサポplusにローカルベンチマークを搭載する理由

中小企業の企業価値を持続的に向上させていくためには，将来キャッシュフローの改善が不可欠であり，ローカルベンチマーク，特に「非財務情報」が重要である。ローカルベンチマークは，①企業の健康診断ツールであり，②創業や業績改善，事業承継等において，支援機関のサポートが必要な事業者に

とって，自社状況の伝達に最適化された対話ツールである。また，③ローカルベンチマークは補助金や融資の申請に際して必要となる情報のマスターデータベースそのものとして機能する。ミラサポ plus への継続的なアクセスのしくみとして，中小企業が補助金の申請に至るまでには，事業者と支援機関は日常的に経営相談の対話をしており，その延長線上に補助金申請のアクションがある。日常の企業支援の実務にミラサポ plus を基盤ツールとして活用し，**事業の「見える化」から「補助金申請」までが１つのストーリーとして繋がりPDCAを回すことができる**のである。

　中小企業政策の本質論として事業者も支援機関も国も目指すところは中小企業の企業価値向上である。「過去の実績（財務）」と「事業の現状と今後の展開に係る計画（非財務）」は企業経営そのものだ。ローカルベンチマークを軸として，三者とも中小企業の企業価値向上に向けた PDCA を回すことができる。事業者の自走が重要であるが，環境整備が先ずは必要であり，中小企業の企業価値向上に関わる三者が総合的な中小企業支援戦略に同乗するための基盤としてローカルベンチマークを搭載したミラサポ plus を活用・発展させていくことが期待されている（注）。

(注) 著者は未来投資会議「構造改革徹底推進会合」(2017年11月) において，中小企業支援の諸施策についてプラットフォームとしてのローカルベンチマーク活用を提言した経緯がある（4-1参照）。

[ミラサポ plus の概要]

(出所) 中小企業庁「中小企業向けの補助金・支援ポータル『ミラサポ plus』のご紹介」(2020年１月)，2頁

中小企業の資金繰りを支え経営改善・生産性向上を促進する国の施策
—信用補完制度

■ 信用補完制度の見直しと新たな取組み

　信用補完制度（注）を通じて，中小企業の経営改善・生産性向上（経営の改善発達）を促進するため，新たなセーフティネットとして危機関連保証の創設や小規模事業者等への支援拡充に加え，信用保証協会と金融機関の連携による中小企業の経営の改善発達の支援強化等を行うため，2017年6月，「中小企業の経営の改善発達を促進するための中小企業信用保険法等の一部を改正する法律」（信用保険法等）が成立した。2018年4月以降，見直し後の各制度が開始した。利用実績では小規模事業者向け保証や創業関連保証が顕著に増加している。

　また，事業承継時に新旧の経営者が負う個人保証に代えて信用保証制度を利用できる「事業承継特別保証制度」が2020年4月から始まった。**経営者保証コーディネーターによる確認を受けた場合には保証料率が大幅に軽減される。**

（注） 信用補完制度とは，中小企業者等，金融機関，信用保証協会の三者から成り立つ「信用保証制度」と信用保証協会が日本政策金融公庫に対して再保険を行う「信用保険制度」の総称である。信用保証協会は，地方公共団体・金融機関等から出えん金や負担金を受けることで信用保証業務に伴うリスクに対する資金的な裏付けを行い，信用保険制度により代位弁済（信用保証協会は信用保証料を受領し，融資が返済不履行になった場合は金融機関に対し代位弁済を行うこと）に伴う負担が軽減されることで，信用保証協会はさらに広範な中小企業者等の金融を円滑にすることができるようになっている。

制　度	概　要	実　績
危機関連保証	大規模な経済危機や災害等の発生時に，業種・地域を問わず予め期限を区切り，100％保証を実施	発動無し（著者注：2020年3月11日初めての発動を公表）
セーフティネット保証5号の保証割合の引下げ	全国的に業況の悪化している業種に属する中小企業者を支援するための同制度について，保証割合を100％から80％に変更	5,042件（平成30年度）（対29年度比37%）
小規模事業者向け保証等の拡充	従業員20人以下（商業，サービス業の場合は5人以下）の小規模事業者向け保証の限度額を2,000万円まで拡充	105,810件（平成30年度）（対29年度比115%）
創業関連保証の拡充	創業者や創業後5年未満の者等を対象に限度額を2,000万円まで拡充	25,081件（平成30年度）（対29年度比126%）

（出所）中小企業庁「信用保証制度見直し後の対応について」（2019年8月），5頁

①中小企業のライフステージとして、創業の後、事業を拡大し「成長発展」を目指す場合もあれば、生業の維持等を目的とした「持続的発展」を目指す場合もある。いずれの場合でも、「市場任せ」では中小企業はその創業期や再生期、危機時といったリスクが高い局面等で必要十分な資金を調達することができず、その円滑な資金繰り、事業の発展、ひいては地域経済の活性化は進まない。
②このため、信用補完制度を通じて必要十分な信用を供与することが重要となる。他方、十分な規律を働かせることにより、中小企業においては自主的な経営向上の努力を重ね、金融機関においては過度に信用保証に依存せず事業を評価した融資を行い、その後適切な期中管理・経営支援を実施することで、中小企業の経営改善・生産性向上に一層繋がる仕組みとする。

【保証協会と金融機関の連携（リスク分担）を通じた中小企業の経営改善・生産性向上】
✓ 金融機関が、保証を通じて必要十分な信用供与を行いつつ、事業を評価した融資を行い、その後も適切な期中管理・経営支援を実施することを促す。その手法として、保証協会が、金融機関のプロパー融資（※）の方針下に着眼し「保証付き融資」とプロパー融資を適切に組み合わせるリスク分担を行う。（成長発展段階においては一定程度）
✓ 実効性を担保するため、各保証協会・各金融機関のプロパー融資の状況等について情報開示（見える化）を行う。　（※）プロパー融資とは「保証の付かない融資」

【創業支援の充実】
✓ 基礎情報の不在等によりリスク判定が困難な中でも資金供給を可能とし、多くの創業チャレンジを促すべく、創業者が手元資金なく100%保証を受けられる限度額を拡充する。（1,000万円→2,000万円）

【セーフティネット保証による副作用の抑制と大規模な経済危機等への備え】
✓ 大規模な経済危機等の事態に際して、適用期限を原則1年間など予め区切って迅速に発動できる新たなセーフティネット制度を整備する（別枠・100%保証）。
✓ 既存のセーフティネット保証制度（不況業種としての5号）について、金融機関の支援の下で経営改善や事業転換等が促されるようその保証割合（100%）については一律80%に改正する。

【経営改善・事業再生の促進】
✓ 経営改善・事業再生を促す保証メニューを充実させるとともに、抜本再生の円滑化（求償権放棄条例の整備等）を進める。
✓ 必要に応じて、保証協会も経営支援を実施すべく機能強化を図る。

【再チャレンジ支援】
✓ 経営者保証ガイドラインの運用開始から一定期間が経過したところ、保証制度における運用を見直すこと等により、失敗した場合にも再チャレンジしやすく、思い切った設備投資・事業拡大ができる環境を整備する。

【円滑な撤退支援】
✓ 経営者が撤退を決断する場合にまず必要となる資金（買掛金処理、原状復帰費用等のつなぎ資金）の調達が円滑に行えるよう、保証メニューを充実させる。

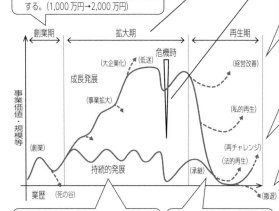

【小規模事業者向けの資金繰り支援拡充】
✓ 特に資力に乏しく取引先の受注減等の突発的な事象により経営が急変する小規模事業者の持続的発展を支えるため、小口向けの100%保証を拡充する。（1,250万円→2,000万円）

【事業承継の一層の円滑化】
✓ 事業承継を一層促進するため、後継者が株式取得等に必要となる資金を円滑に調達できるよう保証メニューを充実させる。

【地方創生への貢献等】
✓ 保証協会が地方創生に一層の貢献を果たすべく、地域の資金需要に応えるための保証メニューの拡充や、再生ファンド以外のファンドに対しても出資ができるようにする措置を講じる。
✓ 保証協会と金融機関のリスクシェアを始めとする今般の各種制度改正の効果を十分に検証した上で、中小企業の経営改善に一層繋げる等の観点から保証料率・保険料率の在り方についても検討を進める。

【経営改善・事業再生、事業承継の加速のための支援強化】※信用補完制度以外の施策
✓ 初期症状の段階で中小企業の経営改善を図るために平常時からの資金繰り管理や採算管理等を促す施策や、円滑な事業再生等を促進する方策について検討を進める。
✓ 各地域において、金融機関・保証協会・支援機関が中小企業に伴走した支援が進められるよう支援体制を強化する。（これにより条件変更を繰り返す中小企業への経営支援等を通じて正常な金融取引に戻していく。）

※中小企業庁と金融庁は十分に連携し、中小企業の資金繰りの状況を注視していく（仮にメインバンクが十分な融資を行えない場合には、保証協会が他の金融機関を紹介する取組を充実させていくことや、日本政策金融公庫による丁寧な相談対応等を行う。）とともに、今般の制度改正が現場に浸透しその目的を果たすようモニタリングを行う。

（出所）中小企業庁「信用保証制度見直し後の対応について」（2019年8月）、3頁

3-9　中小企業基盤整備機構

◨ 中小企業基盤整備機構の概要

　中小機構は，「中小企業や地域社会の皆様に多彩なサービスを提供することを通じ，豊かでうるおいのある日本をつくる」を掲げ，中小企業が抱える事業承継や生産性向上などの喫緊の課題をはじめ，経済のグローバル化やデジタル化などの構造変化に対応する支援を行っている**わが国で唯一の中小企業政策全般にわたる総合的な実施機関**である。地域の自治体や支援機関，国内外の他の政府系機関と連携し，経営課題に応じた幅広い支援メニューを提供している。

　著者は同機構から「中小企業応援士」（全国で147名）の委嘱を受けている。

◨ 幅広い支援メニュー（コロナ対応を含む）を取り揃え，中小企業を応援

≪起業・創業≫

- **インキュベーション事業** ······ 全国29ヵ所でインキュベーション施設を展開。常駐する専門家が早期の事業化を一貫してサポート。
- **FASTAR** ······ ベンチャー企業の資金調達や事業連携に向けた伴走型の短期集中アクセラレーター（成長加速化）支援。
- **起業支援ファンド** ······ 設立5年未満の創業,成長初期段階のベンチャー企業への投資を目的としたファンドに対して出資。

≪新事業展開≫

- **販路開拓・マッチング支援** ······ 展示会・商談会やマッチングサイト「J-GoodTech（ジェグテック）」，Eコマースの活用などにより販路開拓をサポート。
- **海外展開支援** ······ 海外市場に知見が深い専門家のアドバイスや海外現地への調査，ビジネスパートナーの発掘などを支援。
- **中小企業成長支援ファンド** ······ 中小企業の成長・発展を目的とした

64

ファンドに対して出資。

≪資金支援≫

- **高度化事業** ‥‥‥ 中小企業が共同で利用する施設を整備する事業に対し，地方自治体と連携して融資や専門家のアドバイスにより支援。

≪経営相談≫

- **経営診断** ‥‥‥ オンライン，対面，電話，メールなど，希望に応じた方法で，経営に関する様々な課題に各分野の専門家がアドバイス。
- **ハンズオン支援** ‥‥‥ 個別の経営課題に応じて，豊富な経験と実績を持つ専門家チームを派遣して支援。

≪人材育成≫

- **研修・セミナー** ‥‥‥ 全国9ヵ所の中小企業大学校や各地域本部で，経営に役立つ実践型の研修・セミナーを開催。また，全国各地の支援機関や金融機関などと連携した研修（サテライトゼミ）を実施。
- **WEBee Campus** ‥‥‥ web システムより，職場で受講できる研修を提供。

≪事業承継・再生≫

- **事業承継・事業引継ぎ支援** ‥‥‥ 情報提供や専門家のアドバイス，全国の「事業引継ぎ支援センター」との連携で中小企業の事業継続をサポート。
- **事業再生支援** ‥‥‥ 全国の「中小企業再生支援協議会」と連携し，事業再生に向けたアドバイスや再生計画策定をサポート。
- **中小企業再生ファンド** ‥‥‥ 中小企業の再生支援を目的としたファンドに対して出資。

≪共済制度≫

- **小規模企業共済** ‥‥‥ 小規模企業の経営者や役員の方が，廃業や退職時の生活資金などのために積み立てる共済制度。
- **経営セーフティ共済（中小企業倒産防止共済）** ‥‥‥ 取引先倒産時，無担保・無保証人で掛金総額の10倍まで必要事業資金を借入できる共済制度。

≪震災復興・災害対応≫

- **被災事業者支援** ‥‥‥ 地震や豪雨などで被災した企業へのさまざまな支援。
- **災害に対する備え** ‥‥‥ 事業継続計画（BCP）策定などをサポート。

3-10 中小企業とコーポレートガバナンス・コードおよびスチュワードシップ・コード

■ 中小企業とコーポレートガバナンス・コード

　コーポレートガバナンス・コードは金融庁・東京証券取引所が整備・策定したもので，2015年6月より上場企業に適用されている。基本原則は「第1　株主の権利・平等性の確保」「第2　株主以外のステークホルダーとの適切な協働」「第3　適切な情報開示と透明性の確保」「第4　取締役会等の責務」「第5　株主との対話」から成り，同コードを尊重し，実施しない場合にはその理由を，コーポレートガバナンス報告書において説明する必要がある（Comply or Explain）。

　他方，中小企業においてもコーポレートガバナンスの考え方に基づき，企業の統治構造を整備していくことは，投資活動や人材育成，業務効率化といった企業行動の活発化につながると考えられる。特に，基本原則第2にある**「会社の持続的な成長と中長期的な企業価値の創出は，従業員，顧客，取引先，債権者，地域社会をはじめとする様々なステークホルダーによるリソースの提供や貢献の結果であることを十分に認識し，これらのステークホルダーとの適切な協働に努めるべきである」**は，地域経済エコシステムの**「好循環のループ」**（1-1参照）を実現していく上で最も重視されるべきポイントの1つである。

●2019年版『中小企業白書』第4章「中小企業の経営の在り方」

> 　上場企業においては，コーポレートガバナンス・コードの浸透により，統治構造に関する一定の進展が見られるが，……中小企業においても，外部株主の関与や社外からの役員登用といった外部の利害関係者からの牽制機能が働く経営体制の整備を進めていくことや，取締役会の開催といった組織的な意思決定の仕組みを整えること，また，経営計画の策定や管理会計の整備といった内部体制を意識的に整えていくことにより，投資活動や人材育成，業務効率化といった企業行動の活発化につながると考えられる。

（出所）2019年版「中小企業白書」，81-82頁

66

■ 中小企業とスチュワードシップ・コード

「『責任ある機関投資家』の諸原則≪日本版スチュワードシップ・コード≫〜投資と対話を通じて企業の持続的成長を促すために〜」(スチュワードシップ・コード)は,機関投資家などがスチュワード(顧客から資産の管理を委ねられた者)として,投資先の上場企業に対して持続的成長を促すための行動規範であり,金融庁が2014年2月策定,2017年5月改訂していたもので,2020年3月に「再改訂版」を公表した。「再改訂版」の最重要ポイントの1つは,「機関投資家は,ESG要素を含むSDGs(3-5,3-6参照)の考慮に基づく対話(エンゲージメント)により投資先企業の企業価値の持続的な成長を促す」としたことである。

上場地域銀行の経営トップからは「機関投資家からROE等財務指標についてのプレッシャーがあるので短期的収益を重視せざるをえない」との声が聞かれる。しかし,国内生損保などの本丸は日本国内であり,国内営業基盤の崩壊を防ぐには,保険商品の代理店販売も重要だが,それ以上に,投資ポートフォリオ・リバランスの観点から,「**地域銀行の事業性評価に基づく融資と本業支援による地域活性化が不可欠である**」との認識が広がっている。ESGやSDGsが一段と重視される流れとベクトルは一致している。

● 「「責任ある機関投資家」の諸原則」の再改訂版・抜粋

> **原則1** 機関投資家は,スチュワードシップ責任を果たすための明確な方針を策定し,これを公表すべきである。
>
> **1-1.** 機関投資家は,投資先企業やその事業環境等に関する深い理解のほか運用戦略に応じたサステナビリティ(ESG要素[5]を含む中長期的な持続可能性)[6]の考慮に基づく建設的な「目的を持った対話」[7](エンゲージメント)などを通じて,当該企業の企業価値の向上やその持続的成長を促すことにより,顧客・受益者の中長期的な投資リターンの拡大を図るべきである。
>
> **(注)** 5 ガバナンス及び社会・環境に関する事項を指す。
> 　　　6 2015年9月の国連サミットにおいて17の目標等から構成される「持続可能な開発目標」(SDGs)が採択されている。
> 　　　7 「目的を持った対話」とは,「中長期的視点から投資先企業の企業価値及び資本効率を高め,その持続的成長を促すことを目的とした対話」を指す(原則4の指針4-1参照)。

(出所) 金融庁「「責任ある機関投資家」の諸原則」の再改訂版(2020年3月24日),11頁

コラム3　グローバルな環境問題の解決に取り組む会宝産業

「はじめに」で「お金は血液，日本銀行は心臓，血管は金融機関，血管の先には中小企業がある」と，血液循環が人間の心身の元気を支えている旨を述べた。

著者は，環境省「ESG金融懇談会」，「ESG金融ハイレベルパネル」の委員を務め，全国の中小企業のESG・SDGs経営を支援している活動の中で，会宝産業の近藤典彦代表取締役会長，近藤高行代表取締役社長とのご縁ができた。

全ての産業は動脈と静脈からできている。自動車産業では，（大手）自動車メーカーが動脈，リサイクルは静脈。会宝産業は静脈産業のリサイクル事業者で，全世界の自動車のリサイクルを通じて地球環境問題に真正面から取り組んでおり，国連開発計画（UNDP）のビジネス行動要請（Business Call to Action）への加盟が2017年末に承認された。日本では11番目，中小企業で初めて。また，2018年12月，第2回「ジャパンSDGsアワード」（副本部長賞）を受けた。

世界90ヵ国と取引ネットワークを持つ会宝産業・近藤会長の言葉「環境に国境はない。会社の資産も自らの身体も自分のものではない。世の役に立ってこそ生きる。会宝産業は船の舳先になる。人類が幸せになるために覚悟を持ってやる。地球が綺麗になる。世界平和への後押しになる」は重い。

■会宝産業の事業概要

売上に占める輸出比率は3/4。輸出向け中古エンジン価格の適正化のため，品質を評価する規格を開発し，英国規格協会にて世界初の中古エンジン規格として認定。適正価格を捉えるため，世界最大の自動車中古部品市場があるUAEシャルジャでオークションを開催。そのデータを基に廃車部品の査定から販売までをITで一元管理するシステムを構築。また，JICAの援助を受け，自動車のリサイクル工場をブラジルに設立している（インド，ケニアで計画中）。

［動脈産業と静脈産業の概念図］

（出所）日本生産性本部『平成26年度製造基盤技術実態等調査報告書』，24頁

68

第 4 章

中小企業が取り組むべきこと

■ 未来投資会議「構造改革徹底推進会合」における中小企業金融に
　関する提言

　未来投資会議「構造改革徹底推進会合」（「地域経済・インフラ」会合：会長は
三村　明夫　日本商工会議所会頭，2017年11月14日開催）において，著者は有識者と
して中小企業金融に関する提言「顧客目線の地域金融」を行った。

【首相官邸ホームページ】（議事要旨）

https://www.kantei.go.jp/jp/singi/keizaisaisei/miraitoshikaigi/suishinkaigo2018/
chusho/dai 2 /gijiyousi.pdf

【首相官邸ホームページ】（提言「顧客目線の地域金融」）

https://www.kantei.go.jp/jp/singi/keizaisaisei/miraitoshikaigi/suishinkaigo2018/
chusho/dai 2 /index.html

■ 提言「顧客目線の地域金融」のポイント

　1-1において，「金融機関は，融資実行はあくまで中小企業に伴走するスター
トであり，中小企業の夢の実現に向けて，大きな環境変化にも，中小企業基盤
整備機構，税理士・公認会計士・中小企業診断士等の認定支援機関，中小企業
家同友会などとも連携しながら，販路開拓やIT導入などの本業支援を実践し
て営業キャッシュフローの持続的な改善に取り組んでいくことが不可欠であ
る」ことを指摘した。中小企業経営者と認定支援機関等が「金融リテラシー」
を向上させ（提言(1) (2)），同時に，生み出した商品・サービスの価値を「見え
る化」し金融機関などに「見せる化」する（提言(3) (4)）ことが不可欠である。
地域金融機関はこうした中小企業経営者を成長予備軍として支援し（提言(5)），
互いに "平時からの信頼関係" を構築し，「共通価値の創造」である地域経済
の持続的成長に結実していくことを強く期待したい（提言(6)，コラム 7 参照）。

●未来投資会議「構造改革徹底推進会合」における著者の提言

(1) **中小企業経営者の金融リテラシー向上①**

⇒ 中小企業基盤整備機構・中小企業大学校での中小企業経営者，次世代経営者向けの「お金の借り方」，「金融機関の選択や付き合い方」等についての教育普及。

⇒ 税理士，会計士，弁護士，中小企業診断士，経営指導員（商工会・商工会議所）の金融リテラシー向上。

(2) **中小企業経営者の金融リテラシー向上②**

⇒ 「金融仲介機能のベンチマーク」の趣旨 (注) である「企業が自らのニーズや課題解決に取り組む金融機関を"選択"」が実践できる環境整備。

(注) 「金融仲介機能のベンチマーク」の説明文 ‥‥‥「企業にとっては，自らのニーズや課題解決に応えてくれる金融機関を主体的に選択できるための十分な情報が提供されることが重要であり，金融機関においては，ベンチマークを用い，自身の金融仲介の取組みを積極的かつ具体的に開示し，企業との間の情報の非対称性の解消に努めていただきたい。」

(3) **中小企業の「見える化」「見せる化」の推進①**

⇒ 中小企業経営者は，生み出した商品・サービスの価値を正しく理解出来ていないケースが少なくなく，消費者，買い手のみならず，金融機関に対して十分表現出来ていない。

⇒ 「ローカルベンチマーク」の活用による「見える化」「見せる化」の推進。

(4) **中小企業の「見える化」「見せる化」の推進②**

⇒ 各省庁の中小企業支援の補助金・助成金などの諸施策をローカルベンチマークの事業性評価に紐づけする，いわば「プラットフォームとしてのローカルベンチマーク活用」をさらに推進。

⇒ 「ローカルベンチマークの事業性評価機能」によって，国の資金のより適切な配分が可能。

(5) **地域金融機関による「ミドルリスク先」以下への対応強化**

⇒ 「日本型金融排除」への対応がカギ。

⇒ 「ミドルリスク先」を「収益源」("不良債権予備軍"ではなく"成長予備軍")へ。

⇒ 地域金融機関にとっての"チャンス"（ミドルリスク先＝収益源＝地域活性化＝地方創生）。

(6) **中小企業経営者と金融機関の「信頼関係構築コード」の策定**

⇒ 事業再生，業績改善，事業承継などが進まない根本に「中小企業経営者と金融機関の信頼関係」が，"情報の非対称性"がある中で，十分構築されていない問題あり。

⇒ 中小企業経営者と顧問税理士等は，「中小会計要領」に準拠した財務情報の信頼性確保と「ロ　カルベンチマーク」活用などによる非財務情報の「見える化」「見せる化」をする。

⇒ 同時に，金融機関も，「ベンチマーク」を積極的かつ具体的に開示することで，中小企業経営者と金融機関が"平時から信頼関係"を構築し，「共通価値の創造」である地域経済の持続的成長に結実していくことを強く期待したい。

4-2 「中小企業憲章」は中小企業施策の羅針盤
―「行動指針:六. 中小企業向け金融を円滑化する」

■ 「中小企業憲章」は中小企業施策の羅針盤

　地域金融機関が，中小企業基盤整備機構等や税理士等認定支援機関，中小企業家同友会などとも連携しながら，全国の中小企業の元気を引き出し，地域経済エコシステムの「好循環のループ」を実現していく際に，常に，念頭に置いておくべきは，「中小企業憲章」(2010年6月18日閣議決定) であろう。

　同憲章の前文には，「中小企業は，経済を牽引する力であり，社会の主役である。常に時代の先駆けとして積極果敢に挑戦を続け，多くの難局に遭っても，これを乗り越えてきた。(中略) 政府が中核となり，国の総力を挙げて，中小企業の持つ個性や可能性を存分に伸ばし，自立する中小企業を励まし，困っている中小企業を支え，そして，どんな問題も中小企業の立場で考えていく。これにより，中小企業が光り輝き，もって，安定的で活力ある経済と豊かな国民生活が実現されるよう，ここに中小企業憲章を定める。」旨が述べられている。

■ 「行動指針」の「六. 中小企業向け金融を円滑化する」

　同憲章「行動指針」は8項目で構成されている。

一. 中小企業の立場から経営支援を充実・徹底する
二. 人材の育成・確保を支援する
三. 起業・新事業展開のしやすい環境を整える
四. 海外展開を支援する
五. 公正な市場環境を整える
六. 中小企業向けの金融を円滑化する
七. 地域及び社会に貢献できるよう体制を整備する
八. 中小企業への影響を考慮し政策を総合的に進め政策評価に中小企業の声を生かす

（出所）経済産業省HP　(https://www.meti.go.jp/committee/summary/0004655/kensho.html)

このうち，「地域金融の未来」と関係する「六．中小企業向け金融を円滑化する」について，著者の「未来投資会議『構造改革徹底推進会合』における提言」(4-1参照) との関係を整理すると，次のように，提言（1）〜（6）とまさに対応している。「**中小企業憲章**」が羅針盤となって，中小企業，金融機関，支援機関の総力が結集し，地域経済エコシステムの「**好循環のループ**」が実現する。

［中小企業憲章と未来投資会議における著者の提言との関係］

六．中小企業向けの金融を円滑化する [(ア)(イ)(ウ) 下線は著者が付加]
(ア) 不況，災害などから中小企業を守り，また，経営革新や技術開発などを促すための政策金融や，起業，転業，新事業展開などのための資金供給を充実する。金融供与に当たっては，中小企業の知的資産を始め事業力や経営者の資質を重視し，不動産担保や保証人への依存を減らす。(イ) そのためにも，中小企業の実態に則した会計制度を整え，(ウ) 経営状況の明確化，経営者自身による事業の説明能力の向上，資金調達力の強化を促す。

＝

(ア) 不況，災害などから中小企業を守り，また，経営革新や技術開発などを促すための政策金融や，起業，転業，新事業展開などのための資金供給を充実する。金融供与に当たっては，中小企業の知的資産を始め事業力や経営者の資質を重視し，不動産担保や保証人への依存を減らす。

提言(5)地域金融機関による「ミドルリスク先」以下への対応強化
金融機関は，中小企業の事業の理解に基づく融資（伴走支援型融資）を行い成長支援の対応を強化。地域エコシステムの「好循環のループ」へ！

＋

(イ) そのためにも，中小企業の実態に則した会計制度を整え，

提言(6)中小企業経営者と金融機関の「信頼関係構築コード」の策定
中小企業は，「中小会計要領」に即した財務情報の整備に努める。中小企業経営者と金融機関が"平時から信頼関係"を構築へ！

＋

(ウ) 経営状況の明確化，経営者自身による事業の説明能力の向上，資金調達力の強化を促す。

提言(1)(2)中小企業経営者の金融リテラシー向上
提言(3)(4)中小企業の「見える化」「見せる化」の推進
中小企業は，財務情報に加え，"非"財務情報の「見える化」と「見せる化」を「ローカルベンチマーク」により進め，金融リテラシーの向上に努めることで，伴走支援する金融機関を主体的に選択し，地域エコシステムの「好循環のループ」へ！

「損益（ビジネス）」と「資金繰り」は車の両輪

■ 「損益（ビジネス）」と「資金繰り」は経営の基礎

企業経営の基本として，『「損益（ビジネス）」と「資金繰り」は車の両輪』をしっかり理解することが不可欠だ。「資金繰り」をいくら上手にしても「利益」は増えないが，「資金不足」は「倒産」に直結する。「資金繰り」に問題がなければ，「経営者本来のビジネス」＝「利益増大」に専念できる。

「資金不足」の原因は，（1）売上が不足，（2）売上はあるが，仕入・諸経費が大きい，（3）売上もあり利益も出ているのに資金が不足，の3つである。いずれも金融機関による対応（伴走支援型融資）で「利益（ビジネス）の拡大」へ転じることが可能になる。**金融機関を選択する眼力強化（本書の理解）が問われる。**

［「損益（ビジネス）」と「資金繰り」は経営者にとって基礎の基礎］

「資金繰り」をいくら上手にしても「利益」は増えない。
しかし，「資金不足」は「倒産」に直結！

「資金繰り」に問題がなければ，「経営者本来のビジネス」＝「利益増大」に専念できる！

「資金が不足」する原因
原因は3つ！

(1) **売上が不足で資金も不足**
⇒ 売上の増加？

(2) **売上はあるものの，仕入・諸経費が大きく資金が不足**
⇒ 仕入・諸経費の抑制？

(3) **売上もあり利益も出ているのに，資金が不足**

ビジネスモデル（仕事のやり方）の話に止まらず，

次ページへ

金融機関による対応で問題解決！

①ビジネスマッチング（売上増，仕入・諸経費抑制）

(3) 売上もあり利益も出ているのに，資金が不足　　金融機関による
　　原因は2つ！　　　　　　　　　　　　　　　　　対応で問題解決！

㋐　資金が資産（棚卸資産，売掛
　　債権）に変化　　　　　　　　　｝ビジネスモデル
⇒　棚卸資産の資金化？　　　　　　（仕事のやり方）
⇒　売掛債権の資金化？　　　　　　の話に止まらず，
㋑　資金で借入金の返済
⇒　金融機関からの借り方は大丈　　　　お金の借り方・
　　夫か？　　　　　　　　　　　　　貸方の是正

①ビジネスマッチング
②資産流動化

③短期継続融資
　（専用当座貸越）

（例）(3)　㋐　「現金・預金が売掛債権に変化」のケース

簡易損益計算書	
売上高	150万円
売上原価	100万円
利益	50万円

簡易貸借対照表			
資産		負債・純資産	
現金・預金	150万円	資本金	100万円
		利益	50万円
合計	150万円	合計	150万円

簡易損益計算書	
売上高	150万円
売上原価	100万円
利益	50万円

簡易貸借対照表			
資産		負債・純資産	
売掛債権	150万円	資本金	100万円
		利益	50万円
合計	150万円	合計	150万円

(3)㋐　現金・預金が棚卸資産，売掛債権に変化
・棚卸資産の資金化？
⇒　①ビジネスマッチング

・棚卸資産，売掛債権の資金化？
⇒　②資産流動化

(3)㋑　資金で借入金の返済
・借入金が長期の証書借入になっていないか？
⇒　③短期継続融資（専用当座貸越）

「資金不足」

「金融機関による対応」
（伴走支援型融資）

「損益（ビジネス）の拡大へ！」

4-4 「大手企業」と「中小企業」の資金繰り・資金管理面での違い
―中小企業の「正しいお金の借り方」

■「大手企業」と「中小企業」の資金繰り・資金管理面での「違い」

　大手（上場）企業の場合，①信用力が高く金融機関から比較的簡単に借りたり返したりできる。②調達した資金は管理できる。③直接金融を活用し自己資本不足を解消することができる。一方，中小（非上場）企業の場合，①信用力が低く金融機関から借りたり返したりする自由度に限界がある。②「資金管理」「資金使途管理」が必ずしも十分ではない。③疑似エクイティ（短期継続融資）が2000年以降，激減しており「資金繰り難」の背景となっている（1-4参照）。

■ 中小企業の「正しいお金の借り方」－運転資金は「専用当座貸越」

　「長期運転資金」で借りる中小企業は少なくないが，「正しいお金の借り方」の観点からは，"長期" 運転資金という「資金使途」はない（金融機関が誤った説明をしているケースがある）。**「"正常" 運転資金」に対応した「専用当座貸越」**の活用で「どんぶり勘定」の是正に加え，金融機関も動態事業性評価による伴走支援型融資で「雨の予兆で傘を差し出す」ことが可能となる（5-7参照）。

●「大手企業」と「中小企業」の資金繰り・資金管理面での相違点

> **大手（上場）企業**
> ① 信用力が高い。金融機関から比較的簡単に借りたり，返したりできる。
> ② 短期でも長期でも調達した資金は管理できる。
> ③ 直接金融を活用し，自己資本（エクイティ）不足を解消することができる。
> **中小（非上場）企業**
> ① 信用力が低い。金融機関から借りたり，返したりする自由度に限界。
> ② 「資金管理」が必ずしも十分できない。「資金使途」も不明確になってしまう。
> ③ 疑似エクイティ（短期継続融資）が，2000年以降，激減。「資金繰り難」の主因の1つ（1-4参照）。

●中小企業の「正しいお金の借り方」…運転資金は「専用当座貸越」で借りる

> **「長期運転資金」で借りる**
>
> **"長期"運転資金という「資金使途」はない。**
>
> ⇒ "長期"運転資金として口座にまとまった資金が入金されると,,,
>
> ⇒ いつの間にか,「諸経費支払から,納税資金,賞与資金,手形決済資金,有価証券購入資金から修繕資金,設備資金」へと吸収されてしまい,本来の運転資金ではなくなる。
>
> ⇒ "どんぶり勘定"の温床。
>
> **「専用当座貸越」で借りる**
>
> ① **「商流」と「金流」の把握＝"事業性評価"**
>
> 専用当座貸越は,「"正常"運転資金 (注) の"短期"枠」(＝「専用当座貸越の極度枠」)であり,有価証券購入や修繕・設備資金に回ることはない。一方,「本来の収益弁済である"設備資金"は"長期"融資で対応する」ことになる。
>
> ⇒ 専用当座貸越のレシート(貸越請求書)を切るたびに仕入れ明細を添付＝「借入れた運転資金」と「資金使途の棚卸資産(製商品)」を紐づけ＋振込指定。
>
> ⇒ 中小企業経営者と金融機関の"双方"が,資金使途と資金管理が可能("動態モニタリング")　＝　金融機関は「雨の予兆で傘を差し出す」ことが可能(5-7 参照)。
>
> ⇒ 中小企業の"どんぶり勘定"を是正する上で,"運転資金"である流動資産(棚卸資産,売掛債権等)見合いである「専用当座貸越」は有効＝「資金使途」を明確にするためのもの。
>
> ⇒ 中小企業経営者と金融機関の"双方"が,「商流」と「金流」を把握＝"事業性評価"。
>
> > **(注)** 表面財務から計算された運転資金(棚卸資産＋売上債権－仕入債務)を,債務者との対話と現場の実地調査に基づいて,「正常運転資金」(将来キャッシュフローの源)と「その他」(不稼働在庫,回収が滞っている売掛金等)に切り分けることである。「正常運転資金」には「専用当座貸越」を,「その他」には長期証書貸付や業績連動型資本性ローンを充てる(5-7, 5-8 参照)。
>
> ② **「資金繰り」の正常化・安定化**
>
> 上場企業は長期借入で約定弁済となっても,毎年,年度資金調達計画が明確であれば資金繰りに問題はない。しかし,中小企業は,仕入れ先・販売先・協力企業の業績悪化などで,赤字や債務超過になりやすく資金繰りは安定しない。
>
> ⇒ だからこそ,「専用当座貸越の極度枠」が有効。「資金繰りの正常化・安定化」に効果を発揮。コロナ禍の下でも,資金繰りに威力を発揮。
>
> ⇒ 「資金繰りの正常化・安定化」は「事業継続成長の絶対条件」。中小企業のこのような<u>特性</u>を理解すれば,「専用当座貸越で借りる」効果は,まさに,「疑似エクイティ」そのもの。

「長期運転資金融資」と「専用当座貸越」の違い
―"金融機関の視点"も含めた整理

　中小企業の経営者にとって長期運転資金のメリットはほとんどない。資金使途との紐付きの管理ができないほか，（運転資金まで長期借入だと）必要以上の約定弁済負担を負う結果，新たな資金調達のために複数行取引の数が増え「メイン不在」といった由々しき事態になりうる。**「正常運転資金」に対応した「専用当座貸越」の活用は，本業に専念し企業価値を高めるための必要条件だ**（5-7参照）。

●長期運転資金融資

1．中小企業の経営者
　長期運転資金のメリットはほとんどない。一見，「長期間借りられ約定弁済で返済計画が立てやすい」と考えがちだが，

①自らの資金使途との紐付きの管理ができない。
　⇒　"長期"運転資金という「資金使途」はない。長期運転資金として口座にまとまった資金が入金されると，いつの間にか「諸経費支払から，納税資金，賞与資金，手形決済資金，有価証券購入資金，修繕資金，設備資金」へと吸収され，本来の運転資金ではなくなる。"どんぶり勘定"の温床（4-4参照）。

②（運転資金まで証書借入だと）必要以上の約定弁済負担の結果，約定返済ができないと条件変更（リスケ）となりニューマネーがストップ。中小企業の"資金繰り難"は，その後の事業継続（事業承継）断念，事業成長断念（廃業増加）へと"負の連鎖"。
　⇒　複数行取引が安心と一見みえるが，メインが不在では，金融機関が多くても役に立たない。また，長期運転資金に保証協会の保証を第一に勧める金融機関の場合，企業業績が悪化するとすぐ貸出をストップしかねない。
　⇒　逃げない"メイン"金融機関を"選択する眼力"が肝要。良い時も悪い時も一緒に考えてくれる"メイン"金融機関と長い取引をすべき。一時的な低レートや融資条件だけで金融機関を増やしたり，決めるべきではない。

2．金融機関
　長期融資（証書貸付）は，①約定弁済で計画的に回収できる，②返済がないと，（極端な場合）サービサーに売却してしまえば良い，となりうる。

●専用当座貸越

1．「短期資金の枠」（手形，専用当座貸越）が激減した経緯

　2000年初頭までは，企業経営者は「短期資金の枠」（手形，専用当座貸越）の使い勝手の良さを理解。金融機関は，多額の不良債権処理の過程での「貸し剥がし」(注)などで，短期資金の枠を供与しなくなった。

　「貸し剥がし」を受けた企業経営者は，金融機関への信頼感を無くしているケースがほとんどであり，金融機関を「交渉相手」，「短期継続融資は危険」とみている。金融機関は，企業経営者から選択されるには，「3条件の経営者」（1-10参照）を見極めることは必須だが，「3条件の経営者」には常に伴走し続ける「逃げない姿勢」を示し，「専用当座貸越の中小企業金融における欠かすことのできないメリット」を懇切丁寧に説明することが先ずもって重要である。

　(注)　「貸し剥がし」とは，金融機関が企業経営者向けに，①「短期資金の継続は条件変更になるので，長期資金の分割返済に切り替えます」，②「短期資金を継続する場合，金利引上げでなければ短期資金は対応できません」等と伝えて，不良債権処理を進めたなどとされていること。

2．"信頼関係"構築がカギ

　専用当座貸越の極度枠を作る時に，「中小企業の経営者と金融機関が互いに状況を話し合って隠しごとをしない。良い時も悪い時も互いに信頼し合ってやっていきましょう」と握っておく。

　金融機関にとって，その握り（"信頼関係"構築）が出来る「3条件の経営者」（1-10参照）かどうかがカギ。仕入れた商品が売れないと，「金融機関の方で何とかしますから。ビジネスマッチングで売りますよ」などと本業支援。

- ⇒　互いに信頼して話し合っておけば，専用当座貸越で問題点の早期発見・早期対応が可能。
- ⇒　"メイン"として"雨が降ったら傘を差して支援"　⇒　"雨が降る予兆で傘を用意"する（1行取引もあり得る）
- ⇒　信頼関係がないと，「リスケだけで回収のみ」，「オフバランス化でサービサー売却」となりうる。

3．専用当座貸越は昔の"短コロ"とは全く別物

　昔の"短コロ"は，①枠の適切さ（棚卸資産の実地調査等が必要）もわからずセットし，②資金使途の確認も十分しなかった。単に，右肩上がり経済で回っていた。
- ⇒　金融庁や日本銀行の検査・考査において，不良債権に分類されたのも，こうした理由（①②）による。
- ⇒　"短コロ"は手形のコロガシであるベタ貸し（極度枠に張り付いた貸出）であり，動態モニタリングが出来ない，かつ，事業者の"どんぶり勘定"の温床となるため，識見ある頭取や理事長は"短コロ"を廃語にしている。

"顧客本位"の金融機関を選択するチェックポイントと金融機関を見極める"眼力強化"の心構え

　全国の中小企業経営者から数多くのお悩み相談を受ける中で, "顧客本位"の金融機関を選択するチェックポイントについての問い合わせが少なくない。

　チェックポイントの①～⑤は次のように連動している。①『事業性評価に基づく融資や本業支援』かつ, ②『融資実行で一丁上がりではなく,「正常運転資金」見合いの「専用当座貸越」(伴走支援型融資)』を活用することによって,「雨の予兆で傘の用意」が可能となり, 営業キャッシュフローが持続的に改善すると, ③『経営者保証ガイドラインの活用』による「経営者保証の解除」に結びつく。また, ①②③を実践する金融機関は, ④『保証協会の審査が通ったことをもって融資実行するフリーライダー(審査の丸投げ)』ではない。かつ, ⑤金融機関としてあるまじき優越的地位の濫用(5-10参照)を取引先企業に行うような金融機関でもない。

　なお, ①～③は, 金融庁が2015年7月公表した事業者向けパンフレット「円滑な資金供給の促進に向けて」で取り上げられている。

　"眼力強化"の心構えとしては, (1)メインバンクとの信頼関係, (2)貸すも親切, 貸さぬも親切, (3)不動産担保, 信用保証協会の観点が重要である。

●中小企業経営者が"顧客本位"の金融機関を"選択"するチェックポイント

①　お客さまの本質的な成長に繋がる取引(=事業性評価に基づく融資や本業支援)をしているか？
②　「正常運転資金」見合いの短期継続融資(=中小企業のライフラインである「専用当座貸越」)をしているか？
③　経営者保証ガイドラインを活用しているか？
④　信用保証制度のフリーライダーになっていないか？
⑤　金融機関としてあるまじき優越的地位の濫用をお客さまに行っていないか？

●金融機関を見極める "眼力強化" の心構え

(1) メインバンクとの信頼関係

融資取引のすべての根幹は，企業経営者と金融機関との "信頼関係" の構築にある。良い時も悪い時も情報開示による信頼関係（腹を割って話し合える関係）を構築しておくことが重要。

⇒ 地域（地元）に根ざした金融機関は経済合理性だけでは逃げない。

⇒ 「複数行取引が安心」と一見みえるが，メインが不在になると，金融機関の数が多くとも役に立たない。逃げないメイン金融機関を見極める。良い時も悪い時も一緒になって対応してくれるメイン金融機関（メインを選択する眼力が必須）と長い取引をすべき。一時的な低レートや融資条件だけで金融機関を増やしたり，決めるべきではない（米国のような「一行取引」も十分あり得る）。

> 【参考】日本のバブル崩壊後の不良債権処理の教訓（メイン寄せ）
>
> 複数行取引でも，メインバンクは，企業の業況悪化局面ではメイン寄せを受けて真正面から対応せざるを得ない。一方，ぶら下がりの他の金融機関は，企業実態が把握できていないため，メインバンク以外は逃げ足が速い。複数行取引は役立たず。
>
> "顧客本位" の金融機関は晴れの日も雨の日も，企業に真正面から向き合い不断に活性化に取り組んでいる。"顧客本位" の金融機関とがっちり組む「一行取引」もあり得る。

(2) 貸すも親切，貸さぬも親切（小原鐵五郎城南信用金庫元理事長の言葉）

企業経営者が税理士等認定支援機関，金融機関とともに事業性評価で，商流，ビジネスモデルなどを把握すると，融資に際して，「必要な時に，必要な金額を，資金使途に合わせた償還期間の設定」が実現できる。「ローカルベンチマークによる対話・作成」は大切！（3-1，3-2，3-7参照）

⇒ 必要以上の金額や，資金使途と関係のない，資金繰りが悪化する融資取組みは行わない。

⇒ 中小企業の経営者は，事業性評価（ローカルベンチマーク活用）を，信頼関係を構築した金融機関，顧問税理士と共有し，互いに認識を合わせておくことが肝要。信頼関係に基づく認識の共有が創業・業績改善・事業再生・事業承継・成長支援のカギ。

(3) 不動産担保，信用保証協会

悪くなると逃げる（無責任な）金融機関に，不動産担保を提供して融資を受けたり，信用保証協会保証付きだけの理由で融資を受けない。

4-7 金融仲介機能のベンチマーク
―"顧客本位"の金融機関を選択する際に活用

■ 金融仲介機能のベンチマークとは

　金融庁は，2016年9月，「金融機関が，自身の経営理念や事業戦略等にも掲げている金融仲介の質を一層高めていくためには，自身の取組みの進捗状況や課題等について客観的に自己評価することが重要である」として，金融仲介機能の発揮状況を客観的に評価できる多様な指標（「金融仲介機能のベンチマーク」）を策定・公表した (注)。同指標活用のねらいはズバリ，**「企業が自らのニーズや課題解決に応えてくれる金融機関を主体的に "選択" する。そのために，金融機関は中小企業支援の実態を具体的に開示する」**ということである。

(注) 金融機関から「金融仲介＝融資」と勘違いした発言に時に遭遇する。同ベンチマークで示されているとおり，金融仲介は融資と本業支援（伴走支援型融資）のことである。

● 「ベンチマークの活用」における「自主的開示」

> 　企業にとっては，自らのニーズや課題解決に応えてくれる金融機関を主体的に選択できるための十分な情報が提供されることが重要であり，金融機関においては，ベンチマークを用い，自身の金融仲介の取組みを積極的かつ具体的に開示し，企業との間の情報の非対称性の解消に努めていただきたい。

（出所）金融庁HP 「金融仲介機能のベンチマーク」

　中小企業が金融機関を主体的に選択する時代へとパラダイムシフト（コペルニクス的転回）したわけである。これまで金融機関からは中小企業向け融資について，「開示されている情報が限られ，その数値も必ずしも信頼できず融資判断がむずかしい。結果的に担保・保証がないと融資できない」といった声が多く聞かれた。しかし，いまや中小企業の会計ルールである「中小企業の会計に関する基本要領」（中小会計要領）(6-6参照) 等が制定され，企業はローカルベンチマーク（3-1，3-2参照）などを活用して経営状況の「見える化」（可視化）を進めている。

一方，金融機関でも「金融仲介機能のベンチマーク」の公表が広がり，中小企業と金融機関の双方が積極的に情報開示する方向に舵が大きく切られている。

　これまで事業再生や事業承継などが進まない根本原因として，「企業経営者と金融機関の信頼関係が十分構築されていない」という問題があったが，双方による情報開示の広がりが，この問題の解消に寄与するであろう（4-1参照）。

■「顧客本位”の金融機関を選択するチェックポイント」との関係

　ベンチマークの具体的項目は，すべての金融機関が開示する「共通ベンチマーク」と，各金融機関が自身の事業戦略やビジネスモデル等を踏まえて選択開示する「選択ベンチマーク」からなり，より相応しい独自の指標がある場合は，その指標を活用することとなっている。「“顧客本位”の金融機関を選択するチェックポイント」（4-6参照）との関係は，次のように整理できる。

［「“顧客本位”の金融機関を選択するチェックポイント」との関係］	
“顧客本位”の金融機関を選択するチェックポイント	**金融仲介機能のベンチマーク（選択ベンチマークの番号）**
①　取引先企業の本質的な成長に繋がる取引（＝事業性評価に基づく融資や本業支援）をしているか？	5.　事業性評価の結果やローカルベンチマークを提示して対話を行っている取引先数，及び，左記のうち，労働生産性向上のための対話を行っている取引先数（共通ベンチマーク5．も参照）
②　「正常運転資金」見合いの短期継続融資（＝中小企業のライフラインである「専用当座貸越」）をしているか？	33.　運転資金に占める短期融資の割合
③　経営者保証ガイドラインを活用しているか？	11.　経営者保証に関するガイドラインの活用先数，及び，全与信先数に占める割合（先数単体ベース）（注）
④　信用保証制度のフリーライダーになっていないか？	10.　中小企業向け融資のうち，信用保証協会保証付き融資額の割合，及び，100％保証付き融資額の割合
⑤　金融機関としてあるまじき影響力行使（優越的地位の濫用）を取引先企業に行っていないか？	（ベンチマークには含まれていない）

（注）金融庁「金融仲介の取組状況を客観的に評価できる指標群（KPI）について」（2019年9月9日）も参照。
（出所）金融庁HP「金融仲介機能のベンチマーク」をもとに作成。

4-8　粉飾決算

■ 粉飾についての金融機関の見方と最近の動向

　全国地方銀行協会の笹島律夫会長（当時）（常陽銀行頭取）は，2019年11月13日の記者会見で，地銀各行の2019年9月中間決算について「全体として厳しい環境」との見方を示し，融資先企業の貸し倒れに備えた引当金も増えていると指摘した。引当金増加の背景として**「企業（会計）の粉飾が見つかり引当金を積んだ要因もある」「粉飾を見抜けなかったのは非常に恥ずかしい話だ」**と述べ，原因については「個別の要因が強いが，（低金利による収益低下や競争激化で）地の利がない地域で貸し出した面もある」との見方を示した（時事ドットコムニュース）。

　東京商工リサーチによると，2019年（1-12月）の倒産（負債額1千万円以上）は前年比1.8％増の8,383件で11年ぶりに前年を上回った。ただ，バブル崩壊以降の30年間では下から3番目で，引き続き低水準に変わりはない。もっとも，「2019年の倒産で，粉飾決算が発覚したのは18件で前年の9件から倍増した。18件は，当事者や代理人が認めたもので全体を把握したものではないが，発覚が2倍になったというトレンドが重要だ。また，粉飾は経営者のみで出来るものではない」としている。

■ 粉飾と信頼関係について

　大手メディアから最近の粉飾動向について取材を受け，次のやり取りをした。
　記者　長年にわたる粉飾が明らかになり，資金ショートを起こして倒産にいたるケースが昨年から目立ち始めている。収益性の悪化を融資量で補おうと無理な貸し出しをしてきた金融機関の間では引当金も増加しており，「粉飾が疑わしい先を総点検する」流れもある。一方で，融資を受けるために粉飾をしている中小零細は少なくない。運転資金もままならず，粉飾をしてでもお金を借

りないと倒産してしまうとの声もある。金融機関が切り捨てるのは簡単だが，「粉飾が分かった後にどうするか」ということも含めた金融仲介であるべきではないか。こうした現状に対しての，危惧・懸念などはどういった点か？

　　著者　多くの金融機関は，「事業性評価をやっている」というが，「粉飾倒産の増加」は「事業性評価シートを作って一丁上がりで終わっていた」という事実を物語っている。ほぼすべての金融機関の「金融仲介機能のベンチマーク」（4-7参照）をみると，事業性評価に基づく融資の件数と金額は右肩上がりになっている。すべてではないにせよ，中味のない事業性評価をやってきていたと自ら語るに落ちたといえよう。3条件の社長（誠実，やる気，きらっと光るものがある）を見極めることが事業性評価だ。「お金を貸すとは人に貸す」を徹底すべき。伴走支援型融資で中小企業の営業キャッシュフローを持続的に改善させることが，中小企業経営者と金融機関との「信頼関係」の「証」になる（1-10参照）。粉飾倒産はこれが出来ていないことが背景にある。

　　記者　粉飾が明らかになった後，地域金融はどう対応すべきか？

　　著者　「粉飾の原因究明」は不可欠だ。「金融機関がなぜ，信頼関係を構築できていなかったのか」を突き止めるべき。金融機関の「持続可能なビジネスモデル」の構築は，中小企業向け融資を軸とした金融仲介機能の発揮であることからすると，中小企業向け融資をやった結果が，粉飾倒産の増加ということであれば，PDCAをきちんと回して，粉飾の原因究明とあわせ，「なぜ信頼関係を築けていなかったか」を突き止めないと，同じことを繰り返す。

　　記者　粉飾は経営者のみでできるものではないが，どう考えるか？

　　著者　借り手（情報の優位者）と貸し手（情報の劣位者）の「情報の非対称性」がある下では，「信頼性のある決算書」であっても「信頼性のない決算書」と同じ点数を付けられてしまうが，たとえば，「税理士法第33条の2に規定する添付書面」（6-6，6-7参照）は「決算書の信頼性は識別可能である」とのシグナリングの有効性を示している。中小企業経営者，顧問税理士，金融機関ともこの点を念頭に置いて互いの「信頼関係」の構築による地域経済エコシステムの「好循環のループ構築」を目指していくべきであろう。

クラウドファンディング
―資金調達の多様化と本業支援の活用
（事例：いわき信用組合）

■ クラウドファンディングとは

　クラウドファンディングは歴史的にいくつかの源流がある。欧州では，グーテンベルクの印刷革命以降，書籍の出版は活字を組み一枚一枚印刷するために多額の費用がかかる一方で，販売数が伸びない場合のリスクは多大であった。そのリスク軽減の手法として，出版社は書籍出版の企画について広告で人々に知らせ，予約購読（サブスクリプション）等の状況を踏まえて書籍を出版するしくみを考案した。また，米国の「自由の女神」は独立100周年を記念してフランスから贈られたが，1884年，女神像の台座を建設していた「自由の女神像製作委員会」は建設資金を使い果たした。ジョーゼフ・ピューリッツァー（ピューリッツァー賞の生みの親）は自ら経営する新聞で広く大衆に対し台座建設のための資金の寄付を呼びかけ，12万人が 1 ドル以下の少額を寄付し 6 ヵ月で10万ドルを集めた経緯がある。

　クラウドファンディングは Crowd（群衆）と Funding（資金調達）の造語であり，クラウドコンピューティングのクラウド（cloud）とは別である。

$$\left[\ \text{クラウドファンディングのタイプ}\ \right]$$

	内　容	リワード	調達イメージ	事　例
購入型	支援者（購入者）から前払いで集めた代金を元手に製品・サービスを開発し，支援者に完成した商品・サービスを提供する等	商品・サービス（購入）	数十万円〜数千万円程度	マーケティング，商品開発・事業立上げ等
寄付型	寄付を募り，支援者（寄付者）向けにニュースレターや簡易な品を送付する等	なし（寄付）	数十万円〜数百万円程度	被災地支援，社会課題解決
投資型	融資型，ファンド型，株式型がある。例えば，融資型では仲介事業者を介して支援者（投資家）から集めた資金で融資を行い，元利の返済から数パーセントを投資家に分配する等	事業から得られる金銭（金融商品取引）	数百万円〜数千万円程度	運転資金，設備購入のための資金等

（出所）「『ふるさと投資』の手引き」（事務局：内閣府，2015年 5 月）をもとに作成

■ クラウドファンディングの活用事例

いわき信用組合（7-9参照）は，地域の小規模事業者の新商品・新サービスの開発や地域の課題解決に取り組む団体などへ「ＦＡＡＶＯ磐城国」「ＭＯＴＴＡＩＮＡＩもっと」の2つの「購入型クラウドファンディング」による資金調達の提案に取り組んでいる。

たとえば，重症心身障害児の家族を支援している「ＮＰＯ法人ままはーと」は「ＦＡＡＶＯ磐城国」を活用して，重症心身障害児向けの多機能型デイサービス施設で利用する福祉車両購入資金に充てた。ままはーと理事長は，クラウドファンディングの活用を考えた理由として「重症心身障害児の施設がいわき市にあること，母親には仲間がいることなどを知ってほしかった」としている。

■ クラウドファンディングの認知・利用状況

経済産業省が2019年2月に公表した「FinTech に関するアンケート調査」によると，クラウドファンディングの認知・利用状況（項目を1つ選択）について，①「内容を知っているが，利用してみたくない」が66.2％，②「内容を知っており，利用してみたい」が14.7％，③「内容を知っており，利用したことがある」は2.9％（2件）であった。なお，③のクラウドファンディングの利用実績のある2つの企業はいずれも「購入型」であった。

また，②と③と回答した企業に，「調達した／したい資金の使途」を確認（項目を1つ選択）したところ，「設備資金（不動産以外，新商品開発等）」が54.5％，「運転資金」が36.4％，「顧客開拓マーケティング」が9.1％であった。

さらに，②と③と回答した企業に，クラウドファンディングの認知・利用状況について確認（複数選択可）したところ，「資金調達の多様化を企図」が66.7％，「広告を兼ねたマーケティング機能に期待」が50.0％，「金融機関からの借り入れより低利での調達が可能だった」が25.0％であった。

いわき信用組合の事例にみられるように，「資金調達の多様化を企図」や「広告を兼ねたマーケティング機能に期待」のアンケート結果も踏まえると，**地域金融機関が，中小企業の資金調達や本業支援（マーケティング・販売促進等）において，クラウドファンディングを活用する余地は大きい。**

中小企業家同友会の活動
— 「良い会社をつくろう」「良い経営者になろう」
「良い経営環境をつくろう」

▨ 中小企業家同友会の活動

中小企業家同友会は，1957年に日本中小企業家同友会（現東京中小企業家同友会）として東京で創立された。1969年に中小企業家同友会全国協議会（略称：中同協）がつくられて以降，各地で設立されていき，現在では全国47都道府県合わせて，47,461企業経営者が加盟する経営者団体となっている（北海道6,047社，愛知県4,311社，広島県2,651社等，いずれも2020年1月1日現在）。下記の3つの目的を掲げ，精力的な活動を展開している。

●中小企業家同友会全国協議会（中同協）

1．中小企業家同友会の創立　1957年4月26日：日本中小企業家同友会（現東京中小企業家同友会）として東京で創立
2．全国協議会の結成　1969年11月17日：5同友会（東京・大阪・名古屋・福岡・神奈川），会員数700名弱で結成，会長　広浜　泰久　（株）ヒロハマ　会長
3．2020年1月現在：47都道府県　会員　47,022企業経営者，平均企業規模・従業員数　30名・資本金　1,500万円

●中小企業家同友会の3つの目的

1．「よい会社をつくろう」

同友会は，ひろく会員の経験と知識を交流して企業の自主的近代化と強靭な経営体質をつくることをめざします。

2．「よい経営者になろう」

同友会は，中小企業家が自主的な努力によって，相互に資質を高め，知識を吸収し，これからの経営者に要求される総合的な能力を身につけることをめざします。

3．「よい経営環境をつくろう」

同友会は，他の中小企業団体とも提携して，中小企業をとりまく，社会・経済・政治的な環境を改善し，中小企業の経営を守り安定させ，日本経済の自主的・平和的な繁栄をめざします。

（出所）中小企業家同友会全国協議会HP（https://www.doyu.jp/）

■ 中小企業家同友会による中小企業憲章と「中小企業振興基本条例」への取組み

中小企業家同友会は中小企業憲章（4-2参照）の制定を提議し，現在は，地域経済の活性化を促す「中小企業振興基本条例」の制定などに取り組んでいる。

国や各自治体には数多くの中小企業施策があるが，**「中小企業振興基本条例」を制定すること等によって，各種施策に対する関心も高まり，使うほど次の施策を作るときにさまざまなアイデアが出せ，使い易い施策ができて中小企業をさらに強くしていくとの考え**である（北海道では，179市町村のうち2019年12月末で52市町村に「中小企業振興基本条例」ができている。各地の条例制定において，最大の会員数を擁する北海道中小企業家同友会の果たす役割は大きい）。

なお，経営革新等支援機関（認定支援機関）(6-1〜6-10参照）との関係で，商工会議所・商工会・中小企業団体中央会等の団体は「中小企業支援者」として同機関になっているが，中小企業家同友会は「中小企業経営者による当事者団体」であり同機関ではない。もちろん，中小企業家同友会では認定支援機関制度の活用は重要との認識であり，会員企業がミラサポ plus（3-7参照）等を通じて認定支援機関を利用している実績は数多くみられる。

●中小企業家同友会による「中小企業憲章」「中小企業振興基本条例」への取組み

中小企業憲章とは，日本の経済・社会・文化及び国民生活における中小企業・自営業の役割を正当に評価し，豊かな国づくりの柱にすえることを国会が決議し，憲章の精神を実現するために，現行の中小企業基本法をはじめ，諸法令を整備・充実させる道筋を指し示すものです。

すでに，EU では，2000 年に「欧州小企業憲章」を制定し，中小企業を「欧州経済のバックボーン」「主要な雇用の源，ビジネスの発想を育てる大地」であるとの理念を掲げ，ヨーロッパ経済戦略の中核に中小企業を位置付けています。

（中略）

近年，経済のグローバル化が進展する中で，産業や地域の空洞化，地域経済の衰退が顕著になってきました。このままでは，日本経済の健全な発展と国民生活の安定は望みようがありません。日本経済を草の根から再生するためには，中小企業・自営業が元気になりその本来の力が発揮できるような環境を整えることが必要です。

「国民や地域と共に歩む」ことをめざす中小企業家同友会では，中小企業憲章の制定を広く国民運動として提起していこうと考えています。併せて，地域経済の活性化を促す，「中小企業振興基本条例」の制定，あるいは時代にそくした条例の見直しを各自治体に呼びかけていこうとするものです。

（出所）中小企業家同友会全国協議会 HP （https://www.doyu.jp/）

コラム4　子日草（ねのひぐさ）風荒ぶれど 新芽伸び

　2008年1月8日，金沢商工会議所，石川県経営者協会，金沢経済同友会による経済三団体共催の「新年互礼会」において，著者は新年のお祝いの言葉とともに「子日草 風荒ぶれど 新芽伸び」の俳句を詠んだ。

　前年7月，日本銀行金沢支店長の引継ぎをした際，前任から「森さんは，俳句は出来ますか？　毎年初，経済団体の賀詞交換会で，日銀支店長が1年の景気を展望して俳句を披露することになっている。TVで放映されお茶の間でも話題になります」との言葉を聞いて，文学の素養などない著者は絶句した。

　その直後の8月，サブプライムローン問題の発端とされているパリバショックが発生し，2008年9月のリーマンショック（The Global Financial Crisis）につながっていく。日々，北陸3県（石川県，富山県，福井県）の中小企業を訪ね，経営者から工場・倉庫を案内いただきながら景気の急速な変化が感じ取れた。ある工作機械メーカーの社長曰く「東欧など新興国に工作機械が飛ぶように売れていたが，発注が急に止まってしまった。ただ，原油価格は高騰し続けている。どう読み解けば良いのですか」等の質問が相次いだ。

　ところで，（江戸時代の）加賀藩は松尾芭蕉の「奥の細道」（元禄2年（1689年））の行程にあり，加賀路での25日間の投宿をきっかけに蕉風俳諧が隆盛をみせた。親しい商工会議所の会頭に「俳句の素養が全くない。どうしたら良いか」と相談したところ，「神頼みと言ってはなんだが『加賀の千代女』（1703〜1775年）をお参りにいかれると良い」と声をかけられた。暮れも押し迫る12月中旬，千代女ゆかりの寺として知られる聖興寺を訪れ，ご住職のお話も伺いながら，千代女の辞世の句を刻んだ「千代尼塚」や，国の有形文化財に指定されている「千代尼堂」「草風庵」などを見て千代女を偲んだ。その「千代尼塚」に小さな"小松"が元気そうに生えていた。丁度，新しくやってくる年は子年。『源氏物語』の初音に「子の日の小松引き」(小松を引くのは松が長寿の木でその小松を根引きして松の寿を譲りうけようという意味) があることを思い出した。

　このような流れで表題の一句が生まれた。「子日草」(正月の子の日の遊びに引く小松のこと) を"子年"（2008年）と"小松（松は神様の依り代（よりしろ））の中小企業"に掛け，「荒ぶる風」をサブプライムローン問題等のリスクファクターに掛け，「新芽伸び」を中小企業の元気回復・成長に掛けている。2020年も子年。「明るい未来は中小企業の元気から」は変わらぬ思いだ。必ず伴走者はいる。希望はある。

第 **5** 章

金融機関が取り組むべきこと

5-1 「金融仲介機能の発揮」により，コロナと戦い，コロナ後の新しい社会を築く

■「金融仲介機能の発揮」による「持続可能なビジネスモデル」の構築

　金融庁は，2020年8月公表の「コロナと戦い，コロナ後の新しい社会を築く　令和2事務年度金融行政方針」のはじめにおいて「1．コロナと戦い，コロナ後の新しい社会を築く　第一に，新型コロナウイルス感染症への対応に取り組む。金融機関が金融仲介機能を発揮して，企業や家計をしっかり支えられるよう，行政としても万全を期す。」を表明し，同別冊において「決算の状況を見ると，基礎的な収益力を示すコア業務純益が趨勢的に減少する中，当期純利益は，（中略）4期連続の減益となった。」としつつ，「～コラム3：金融仲介機能の発揮に向けた取組み～　地域金融機関が持続可能な収益性や将来にわたる健全性を確保するには，顧客企業を継続的に支援し価値向上を図ることで，「共通価値の創造」を実現することが求められる。また，これは，地域で相互に繋がる様々なステークホルダーがそれぞれ求められる役割を果たし，地域経済が持続的に成長する「地域経済エコシステムの形成」において不可欠な要素だ。」と，本書の冒頭から指摘している「金融仲介機能の発揮」を起点とした地域経済エコシステムの好循環のループ構築の重要性を強調している。

■「金融仲介機能の発揮」と「マーケッティング」「時間軸」

　これまで，多くの金融機関は融資商品，投信・保険等を時間をかけずに顧客に販売する手法（プロダクトアウト）が主体であったが，「金融仲介機能の発揮」による「持続可能なビジネスモデル」の構築には，古今東西の英知が説くところは，顧客の真の関心が何なのかを把握する「マーケッティング」のセンス（顧客が真に欲しいのは化粧品ではなく「美しさ」等）と，持続的な収益の稼得には**中長期的な「時間軸」を意識する**ことが重要であるということである。

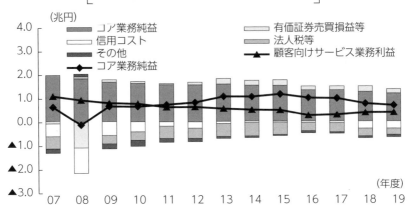

[当期純利益と顧客向けサービス業務利益の推移]

(注1) 地域銀行については、期中合併における非存続金融機関の計数は含まれない。
(注2) 顧客向けサービス業務利益＝貸出残高×預貸金利回り差＋役務取引等利益－営業経費
(注3) 有価証券売買損益等＝株式3勘定尻＋債券5勘定尻
(注4) 信用コスト＝(一般貸倒引当金繰入額＋個別貸倒引当金繰入額＋特定海外債権引当勘定繰入額＋貸出金償却)－(貸倒引当金戻入益＋償却債権取立益)

(出所) 金融庁「コロナと戦い，コロナ後の新しい社会を築く　令和2事務年度　金融行政方針（別冊）補足資料」(2020年8月)，21頁

● P.F ドラッカーと「金融仲介機能の発揮」へのインプリケーション

> ほとんどの企業が，マーケティングとは，製品を売り，引き渡すことによって報酬を得るための体系的な活動としてしか理解していない。(中略) マーケティングの観点からは，顧客にとって当然に価値のある製品や企業，あるいは当然に気づかれるべき製品や企業というものは存在しない。顧客は自らが求めるもの，必要とするもの，期待するものにしか関心を寄せない。顧客の関心は，常に，この製品あるいは企業は自分に何をしてくれるかである。

(出所) P.F.ドラッカー著・上田惇生訳『断絶の時代』(名著集7，ダイヤモンド社，2007年，原著 The Age of Discontinuity, 1969年)，42-43頁

●二宮尊徳と「金融仲介機能の発揮」へのインプリケーション

> 貧富の本は，利をはかることの遠近にある。遠い先の利益をはかる者は，木を植えてその成長を楽しむ。穀物の種をまくなどはもとよりである。だから富裕がその身を離れない。ところが，手近の利益しか考えられない者は，穀物の種まきさえ先が遠すぎるとする。木を植えるなどはなおさらのことで，ただ目前の利益を争い，種をまかずに刈りとろうとする。だから貧困がその身を離れないのだ。いったい，種をまかずに刈りとる道理がどこにあろう。まいて秋刈り取る。これが万世不易の仕事であって，年々これをつとめてゆけば，その利益は尽きるところがない。

(出所) 斎藤高行原著，佐々井典比古訳注『二宮先生語録（上）』(一円融合会，現代版報徳全書5-6，1997年小訂)，88頁

地域金融機関の「貸出収益悪化の背景」と「本来あるべき融資対応」

■ 地域金融機関の貸出収益悪化の背景

　金融機関の固有の機能である貸出の収益悪化の背景について概要を考察する。ある地方の技術力を相応に有する製造・卸の中小企業の事例（取引金融機関はメイン地域銀行，準メインの地域銀行，信用金庫１つ，信用組合１つ，政府系金融機関１つの計５つ）。近年，業績が徐々に悪化し，２年前に２期連続の赤字。その時の借入残高５億円，年商10億円。しかし，金融機関からは，２期連続赤字のときに業績改善に向けた本業支援は特になし。厳しくなった資金繰りに対して，メイン行が２億円の証書貸付を金利0.6%で実行すると，その動きを見た準メイン行が続いて２億円の証書貸付を金利0.6%で実行した。低金利による貸出競争のつばぜり合いの様相である。借入残高が５億から９億になった。売上の低迷は続き，直近の年商は９億円に低下して借入残高と同規模になった。過剰債務状態。借入形態は，運転資金まで含めて全額証書借入。

　金融機関にとっては，低収益性の貸出残高が積み上がり，企業にとっては，売上が伸びない中で過剰債務を背負い，約定弁済負担から資金繰りが回らない。

「「悪循環のループ」による 地域経済エコシステムの崩壊」

低金利の貸出競争
①事業への理解が無い
②融資実行で一丁上がり
③後は社長の責任
④だから担保・保証
⑤プロダクトアウト営業

貸出収益の減少 → **事業機会の減少**

地域金融機関　（悪循環のループ）　**中小企業**

最も大切なヒューマンキャピタルの毀損
①採用難
②早期退職者の増加

営業 CF 悪化 （の結果）
①ランクダウンに伴う
　信用コスト増加
②運転・設備資金の需資減少
③金利・手数料の減少

地域の商流の瓦解
①過剰債務による資金繰り難
②本業に集中できず業績悪化
③事業承継の頓挫
④廃業の増加

結果，全行リスケ（借入金の返済条件変更）になり，要管理債権として多額の引当が必要になった。日本全国で見られる低金利競争の典型例である。

地域金融機関の固有の機能である貸出の収益悪化の主因の１つといえる。

これは地域金融機関の収益悪化に止まらず，地域の中小企業にとって，「**過剰債務に伴う資金繰り難　→　本業に集中できず一段の業績悪化　→　事業承継の困難化　→　廃業の増加**」の連鎖を引き起こし，地域の商流が瓦解し，地域エコシステムの崩壊に繋がるものである。

■ 地域金融機関の本来あるべき融資対応

地域金融機関（特に，メイン）は，上記の事例の場合，融資先企業が赤字になる前の業績悪化に際して，２期連続の赤字であれば当然のことながら，**経営者との対話と現場実地調査に基づく業績悪化の原因究明と早期の伴走支援型融資**により，経営改善に取り組むべきであろう。

人口減少や高齢化の進行，世界的な低金利環境の継続，技術革新を通じた新たな競争の登場，今次コロナショックなど，地域金融機関を取り巻く環境変化は事実である。ところで，「経営の神様」とされる松下幸之助氏が『不況克服の心得十カ条』において，「「責任は我にあり」の自覚」を説いている。

各地域でメイン金融機関が中心となってリーダーシップを発揮し，マイナスサムの競争（「悪循環のループ」）ではなく，地域をよりよくするためのプラスサムの競争（「好循環のループ」）を押し広げていくことを強く期待したい。

●経営の神様・松下幸之助『不況克服の心得十カ条』（長引く不況に直面して
　3年目を迎えた1976年にまとめたもの）：→は著者コメント

> **第8条「責任は我にあり」の自覚**
> 　業績低下を不況のせいにしてはいないか。どんな場合でも，やり方いかんで発展の道はある。うまくいかないのは，自らのやり方に当を得ていないところがあるからである。
> →　人口減少や高齢化の進行，世界的な低金利環境の継続などの責任にしてはいないか？

（出所）PHP ビジネスレビュー「松下幸之助研究2009年特別版」の『不況克服の心得十カ条』，8-9頁

5-3 「金融仲介機能」と「健全性」の同時達成①
―「持続可能なビジネスモデル」の"見える化"

■「経営理念」の大切さ

　ほぼすべての地域金融機関は，経営理念として「地域とともに発展する」旨を掲げている。しかし，多くの地域では，創業の低迷や廃業の増加が続き，商流が分断され，雇用も失われるなど地域経済エコシステムが「悪循環のループ」に陥り，金融機関の持続可能なビジネスモデルそのものが問われている。

　ところで，松下幸之助氏は，「**正しい経営理念が根底にあってこそ，人も技術も資金もはじめて真に生かされてくる。経営の健全な発展を生むためには，まずこの経営理念を持つというところから始めなくてはならない**」と語っている。金融庁が「令和元事務年度の行政方針」において指摘した「地域金融機関の経営者は確固たる経営理念を確立し，その実現に向けた経営戦略の策定とその着実な実行，PDCAの実践を図ることが重要」と重なるものである。

●経営の神様 松下幸之助と経営理念

> 　私は60年にわたって事業経営にたずさわってきた。そして，その体験を通じて感じるのは経営理念というものの大切さである。言いかえれば，「この会社は何のために存在しているのか。この経営をどういう目的で，またどのようなやり方で行っていくのか」という点について，しっかりとした基本の考え方を持つということである。
>
> 　事業経営においては，たとえば，技術力も大事，販売力も大事，資金力も大事，また人も大事といったように大切なものは個々にはいろいろあるが，一番根本になるのは，正しい経営理念である。
>
> 　それが根底にあってこそ，人も技術も資金もはじめて真に生かされてくるし，また一面それらはそうした正しい経営理念のあるところから生まれてきやすいともいえる。だから経営の健全な発展を生むためには，まずこの経営理念を持つというところから始めなくてはならない。そういうことを私は自分の六十年の体験を通じて，身をもって実感してきているのである。

（出所）松下幸之助『実践経営哲学』（ＰＨＰ研究所，2001年発売），7-13頁

■ 「持続可能なビジネスモデル」の "見える化"

　「経営理念」（「地域とともに発展する」旨）を実現する上でのポイントについて，「令和元事務年度の行政方針」では(1)金融仲介機能の発揮，(2)健全性の確保，(3)時間軸の３次元の関係が明記されている（(1)(2)(3)は著者が付した）。

　『(1)地域金融機関は，地域企業の真の経営課題を的確に把握し，その解決に資する方策の策定及び実行に必要なアドバイスや資金使途に応じた適切なファイナンスの提供，必要に応じた経営人材等の確保等の支援を組織的・継続的に実践する必要がある。このような金融仲介機能を十分に発揮することによって，地域企業の生産性向上を図り，ひいては地域経済の発展に貢献していくことが求められている。(2)こうしたことが，金融機関自身にとっても継続的な経営基盤を確保する上で重要であると考えられる（「共通価値の創造」）。（中略）(3)その際，時間軸をしっかりと意識して取り組むことが鍵となる。』

　金融機関が担保・保証をいくら取っても中小企業が日夜挑戦している事業リスクそのものは減らない。金融機関が「持続可能なビジネスモデル」を構築するには，中小企業に伴走し事業性評価に基づく融資や本業支援により中小企業の生産性向上，つまり，付加価値である営業キャッシュフローを持続的に改善し成長させていく「金融仲介機能」の発揮こそが，最大の「リスク抑止・保全策」かつ「収益改善策」（信用コスト減，運転・設備需資増等）の同時達成による「健全性」（経営基盤）の確保（現在（t_0）→ 将来（t_1））につながる。**「金融仲介機能」と「健全性」はトレードオフではなくトレードオン**である。

$$\left[\ \text{地域金融機関の「持続可能なビジネスモデル」の実現}\ \right]$$

(2)健全性の確保

地域企業の営業 CF 改善により
①ランクアップに伴う
　信用コスト減少
②運転・設備資金の需資増加
③金利・手数料の増加

t_1

t_0

[現在]

(3)時間軸

[将来]

(1)金融仲介機能の発揮

5-4

「金融仲介機能」と「健全性」の同時達成②
―RAF（Risk Appetite Framework）の考え方を実践

■ トレードオンを実現する RAF（Risk Appetite Framework）

「金融仲介機能と健全性はトレードオフではないのか」「リレーションシップバンキングは儲からないのではないか」との議論をよく耳にするが，「時間軸」を意識しつつ，組織的・継続的に PDCA を回しながら「金融仲介機能」と「健全性」をトレードオン（同時達成）に導くしくみが **RAF** である。

RAF は，経営理念のもとで策定される経営計画を実現するためのリスクアペタイト（進んで引き受けようとするリスクの種類と量）を明確化し経営管理を行う枠組みであり，リスクガバナンス（コーポレートガバナンスの一部）の中核である。経営理念（5-3参照）にはじまる経営計画の基本事項，運営体制やリスクアペタイト方針を，経営トップとしての決意であるリスクアペタイト・ステートメントとして文書化する。これと平仄のとれたかたちで，具体的な経営計画（事業戦略，財務計画，リスクアペタイト，キャピタルアロケーション）を策定し，経営会議・取締役会において一体的に審議・決議する（5-9参照）。

■ RAF 構築・実践のカギはヒューマンキャピタル

審議・決議では，キャピタルアロケーションについて，「カネ」のエコノミックキャピタルに加え，**「ヒト」のヒューマンキャピタル**も対象とすることが必要である。経営資源は「ヒト」「モノ」「カネ」の有形資産と，「経営理念」「知財」「情報」など企業の強みを裏付ける目に見えない知的資産の総称であるが，企業価値向上の起点は「ヒト」であり，「経営理念から現場の行動への一気通貫」を実践するのも「ヒト」である。人に尽きる。しかし，一気通貫となっていない業績連動型役員報酬，組織体制・人事業績評価制度等の下で，現場において経営理念が実践されていないケースが少なくない。ノルマや人手不足，収益低下などで，早期退職者がかなりの数にのぼる金融機関も見られる。

RAF の鳥瞰図の中にヒューマンキャピタルを明示的に位置づけるべきである。

　リスクアペタイトの適切性については，ストレステストやリバース・ストレステストのシナリオ等の妥当性も含め討議する必要がある。顧客本位を実践し企業価値の向上を実現するには，リスクの回避だけではなく，取るべきリスクは取るという**健全なリスクカルチャー**を持つことが不可欠である。過度な不動産融資が一部に目立つが，健全なリスクカルチャーの欠如である。

　このように RAF は経営の根幹であり，経営会議・取締役会では社外取締役も加わり，「本議案を RAF と関連づけて説明してほしい」等の質問が幾度も出て差し戻しもしながら，様々な角度から討議することが不可欠である。社外取締役との議論を通じて，社内取締役，執行部のメンタルモデルは大きく変化し，役職員全体に浸透することで**コーポレートカルチャー**として定着する。

[リスクアペタイト・フレームワークー地域金融機関の事例]

(注) お客さま推奨度・満足度と収益（貸出平残，粗利等）は「正の相関」。「正の相関」でない場合，何が原因か PDCA を回す。

5-5 「金融仲介機能」と「健全性」の同時達成③
―「伴走支援型融資」の「収益効果」は3ステップ・アップ

■ 金融機関から受けたい「融資」と「サービス」とは具体的に何か

RAF（5-4参照）も活用しながら，「経営理念」（地域とともに発展）を営業店の現場で実践していくために，「金融機関から受けたい「融資」と「サービス」とは具体的に何か」について，金融庁「企業アンケート」（2019年の結果）をもとに整理すると次の通りである。

> ① 「過去1年間，取引金融機関からどのような『融資』を受けたいと思いましたか」については，「商品や原材料等の仕入に係る『運転資金』」が51％と最多。「給与等の経費支払に係る『運転資金』」が18％。すなわち，**『運転資金』は中小企業経営者にとって資金面での最重要課題**である。
> ② 債務者区分ごとにみると，経営課題を抱えている**債務者区分下位の企業**ほど**『運転資金』のニーズが大きい**。
> ③ 『融資』を必要としなかった企業は22％であるが，金融機関から「提案を受けたいサービス」としては，**「取引先・販売先の紹介」が37％とダントツに多い**。一方，「保険や投資運用商品」のニーズは僅少である。

■「伴走支援型融資」の「収益効果」は3ステップ・アップ

金融機関は，事業性評価に基づく融資や本業支援（伴走支援型融資）によって，企業の営業キャッシュフロー（以下，CF）の改善を支援すれば，①企業のランクアップに伴う信用コスト削減の収益への直接効果がある。債務者区分の低い企業ほど引当の戻り（収益効果）が大きい。②営業CFの改善に伴い，増加運転資金や，店舗改装・新設，設備増設など新たな設備資金を生み出すことができる。資金需要はないのではなく生み出すもの。③営業CFの改善部分を金利や手数料として分かち合うことができる（5-3参照）。企業の営業CFの改善がなければ，低金利競争の「悪循環のループ」に陥るが，営業CFの改善を起点としてプラスサムの「共通価値の創造」による「好循環のループ」ができる

（5-2参照）。前記の『融資』を必要としなかった企業に対しても，営業CFの改善支援により，新たな資金需要を生み出すことができる。「持続可能なビジネスモデル」の実現である（1-1参照）。

$$\left[\text{「金融機関の融資やサービス」に対する企業から見たニーズ}\right]$$

Q．過去1年間，取引金融機関からどのような「融資」を受けたいと思いましたか。
（複数回答可）

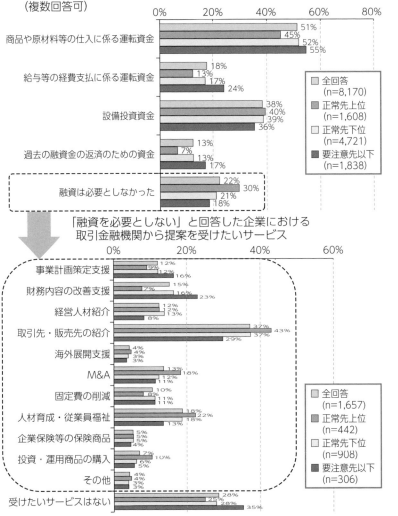

「融資を必要としない」と回答した企業における
取引金融機関から提案を受けたいサービス

（出所）金融庁「企業アンケート調査の結果」（2019年11月8日），10頁

5-6 「運転資金と資金繰り」の対話が企業経営者に気付きを与え強固な信頼関係を構築する第一歩

■ 金融機関の固有の融資機能が活きる「運転資金と資金繰り」の対話

　金融機関の固有の機能は融資である。中小企業の経営課題を把握し，対策策定や実行に必要なアドバイスは，金融機関のみならず，税理士，中小企業診断士など各種コンサルタントが行っているが，解決策の実行には資金が必要なケースが少なくない。地域金融機関に求められる不可欠な役割こそが**「課題解決のための資金使途に応じた適切な融資」**である。

　ところで，P.F. ドラッカーの言葉「顧客の関心は，常に，この製品あるいは企業は自分に何をしてくれるかである」(5-1参照) の意味するところは，顧客が製品や企業を "選択" するという厳然たる事実である。多くの中小企業は上場していないため，資金手当，特に，日々の「運転資金」(5-5参照) は金融機関に頼ることになるが，中小企業から "選択" される金融機関となるには，「課題解決のための資金使途に応じた適切な融資」を迅速かつ適時に行う実行力が問われる。特に，経営課題を抱えている債務者区分下位の企業ほど「運転資金」のニーズが大きい事実（5-5参照）を金融機関は強く意識すべきだ。コロナショックへの対応も先ずは，事業者が本業に専念できる資金繰り支援である。

■ 「運転資金と資金繰り」の対話が企業経営者との強固な信頼関係の構築へ

　多くの企業経営者は，頭のなかで，「売上や粗利がいくらで，経費を引いて儲けはいくら」等とザックリではあるが損益計算を行うことができる。しかし，資金繰りはそうはいかない。今月や来月の帳尻は計算できても 3 ヵ月後，半年後となると難しい。売掛金，買掛金，手形等の信用取引，借入や返済，設備の支払等の財務取引が関係してくるからである。最近，金融機関の営業現場で資金繰りの対話が必ずしもできていない事実がある。金融機関が中小企業の持続的な営業キャッシュフローの改善に取り組んでいく上では，**企業経営者と（"予**

測")資金繰りの対話をすることで，**経営者に気付きを与える**ことが，交渉相手ではなく"相談相手"へと強固な信頼関係を構築していくことに直結する。

["予測" 資金繰り表]

			○年○月		・・・	○年○月		
			予算	実績		予算	実績	
前月繰越								
経常収支		現金売上						
		売掛金の回収						
		受取手形の期日入金						
		前受金の入金						
		その他の入金						
	経常収入合計							
		現金仕入						
		買掛金の支払						
		支払手形の期日決済						
		未払金の支払						
		人件費の支払						
		その他の支払						
	経常支出合計							
経常収支差額								
経常外収支		借入						
		手形割引						
	財務収入合計							
		設備投資						
		借入金返済						
	財務支出合計							
経常外収支額								
次月繰越								

（出所）中小企業庁「「中小会計要領」の手引き」(2017年6月)，36頁を著者が加工

["予測" 資金繰り表に基づく資金繰り対策例]

【社外】

	対策例
金融機関	手形割引を行う
からの借入	短期・長期借入を行う
個人や取引先	役員や親族からの借入
からの借入	取引先からの借入を行う

【社内】

	対策例
売上債権	売上債権の早期回収
	受取手形のサイト短縮
仕入債務	買掛金を手形による支払へ変更
	支払手形のサイト延長，ジャンプ
	買掛金の支払延長依頼
棚卸資産	在庫処分，仕入の抑制
有価証券の売却	株式・債券の売却
固定資産の売却	遊休資産の売却
諸経費の圧縮	残業時間の削減

（出所）中小企業庁「経営力向上のヒント」(2016年5月)，22頁

5-7 「専用当座貸越」は「伴走支援型融資」の典型例
—雨の予兆で傘を用意する

■ "運転資金"は「事業活動」そのもの

　"運転資金"は「事業活動」("将来キャッシュフロー"の源＝"ビジネスモデル")そのものである。経営者が売れると思って仕入れたモノ，メーカーであれば作ったモノが思ったように売れるかどうかがビジネスモデルである。「仕入れ」から「販売代金回収」までの「必要運転資金」(「入ってくるお金」と「出て行くお金」の時間的なズレ)が発生する。**金融機関による「商流」の把握とその逆の流れである「金流」の把握は事業性評価の第一歩**である。

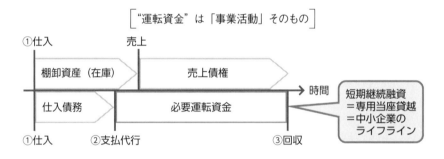

■ 「専用当座貸越」による「動態事業性評価」—雨の予兆で傘を用意する

　短期資金(運転資金)は短期借入金で調達，一方，長期資金(設備資金)は長期借入金や自己資本によって調達が資金繰りの大原則。運転資金は常にある一定残高は発生し，中小企業の事業継続・成長に不可欠であり，返済不要な「自己資本」で賄うべきである。しかし，上場していない中小企業の場合，すべて「自己資本」で調達するのは難しい。その解決手段が「専用当座貸越」(擬似エクイティ＝事実上の自己資本＝ライフライン)である。「専用当座貸越」は，担保・保証に依存しない「事業性評価融資」であり，「伴走支援型融資」の典型例。「資金繰りと経営の安定」のベースであり，「中小企業の成長戦略」のイ

ンフラそのものである（4-3～4-6参照）。近年，手形は印紙税，手間・コスト，「動態モニタリング」ができないことから，あまり用いられなくなった。

　重要なことは，表面財務から計算された運転資金（棚卸資産＋売上債権－仕入債務）を，経営者との対話と現場の実地調査に基づいて，「正常運転資金」（将来キャッシュフローの“源”）と「その他」（不稼働在庫，回収が滞っている売掛金等）に切り分けることである。**「正常運転資金」には「専用当座貸越」を，「その他」には長期証書貸付や業績連動型資本性ローン**（5-8参照）を充てる。

　「専用当座貸越」を活用する際の基本動作は，①レシートを切る都度，仕入明細を提出してもらうこと。どの会社が何時どこから何をいくら仕入れているのかが手に取るようにわかる。②振込指定を依頼すること（オープンAPIも活用）。どの販売先から何時いくらキャッシュ化されたかが手に取るようにわかる。

　事業性評価の基本は，「正常運転資金の切り出し」と「3条件の経営者の見極め」(1-10参照)。全営業店で取引先の動態事業性評価ができ，「雨の予兆で傘を用意する」ことができる。なお，“一般”当座貸越はフリーローンなので，資金使途は不明で，モニタリングが機能不全を起こす。

　レイジー・バンク（担保や保証に甘えて真に企業に向き合わない，寄り添わない金融機関のこと）(注)は，「経常とは常に一定の状態で続くこと」なので，経常運転資金の極度枠の同額借入（手形の転がしなど貸出の平残維持）を融資提案する。動態事業性評価を自ら放置するようなものである。識見のある金融機関の経営トップは，短コロ（手形のコロガシ）を事務通達で“廃語”にした。

(注) 村本孜「提言」『TKC会報』2016年10月（1頁），「レイジー・バンク（Lazy bank）の超克」『成城大学社会イノベーション研究』2017年2月（519頁）参照。

●中小企業の“ライフライン”である「専用当座貸越」を活用する効果

①　擬似エクイティ⇒自己資本として機能
②　返済自由⇒金利負担の削減
③　手間・コスト／印紙税200円⇒手間・コスト／印紙税の削減
④　レシート（貸越請求書）を切る都度，「仕入れ明細」を添付＋「振込指定」
　＝「どんぶり勘定」是正＋動態事業性評価（動態モニタリング）⇒「雨の予兆で傘を用意」
⑤　仕入れ先（バリューチェーン）の資金面からの活性化＝“面”の活性化⇒「地方創生」

金融機関にとっての「レッドオーシャン」「ブルーオーシャン」とは？

■ 金融機関にとっての「レッドオーシャン」

　金融庁は，十分な担保・保証のある企業や信用力の高い企業に優先的に貸し出しを行い，それ以外に対する金融機関の取組みが十分でないため，企業価値の向上等が実現できていない状況を「日本型金融排除」とした。金融機関の経営が悪化している主要因の1つである（1-5, 5-2参照）。

　債務者区分のうち，「正常先」の「上・中位」はキャッシュリッチで無借金経営が多い。レイジー・バンク（5-7参照）ほど目利き能力が低下しており，ここに群がる。金利ダンピング競争の結果，原価を勘案した貸出利ざやはマイナスにもなり得る。オーバーバンキングで「レッドオーシャン」である。「顧客向けサービス業務（貸出・手数料ビジネス）から得られる利益が低調で，当期純利益は4期連続の減益となった（5-1参照）のは，こうした背景による。

■ 金融機関にとっての「ブルーオーシャン」

　「ミドルリスク先」以下（「正常先」の「下位」～「実質破綻先」）こそが，金融機関にとっての「ブルーオーシャン」であり，ここに本腰を入れることが地域経済エコシステムの「好循環のループ」構築につながる。「ミドルリスク先」以下を「不良債権予備軍」と呼ぶメディアもあるが，「3条件の経営者」（1-10参照）であれば「成長予備軍」（4-1参照）である。

　たとえば，実質破綻先も第二創業支援など打ち手はある。実質破綻先が正常化し地域の面的再生も動き出している実例がある。**「成長予備軍」にこそ金融機関は伴走し，営業キャッシュフローの改善に取り組み「共通価値の創造」を実現する。**「持続可能なビジネスモデル」構築の上での最重要課題だ。「ブルーオーシャン」で成果を上げている金融機関では，債務者区分の低い企業ほど引当の戻り（収益効果）が大きいため，人事業績評価にランクアップ効果を組み

込む動きが広がっている。

　コロナショックへの対応では，先ずは専用当座貸越など短期継続融資（疑似エクイティ）による資金繰り支援が待ったなしだが，支援先企業が債務超過に陥るケースでは更に業績連動型資本性ローン (注) が重要だ。「社長，今，大変な時期なので金利はゼロで良いですよ。顧問税理士と我々金融機関が連携して伴走しますから，営業キャッシュフローが改善したら３者で分かち合いましょう。共通価値の創造を実現しましょう」と声がけすれば，社長は俄然力が湧く。

> 【参考】著者が取り組んでいる［伴走支援型融資］＝［専用当座貸越など疑似エクイティ ＋ 業績連動型資本性ローン＋株式担保融資］（財務を支える）＋［本業支援］（将来キャッシュフローの改善を支える）

(注) 中小企業庁 HP「商工中金の在り方検討会（第３回）」における著者のプレゼン概要（配布資料，議事録）を参照。

［金融機関にとっての「レッドオーシャン」「ブルーオーシャン」とは］

正常先			A1	**＜レイジーバンク＞**
正常先の上・中位は，キャッシュ・リッチで，無借金経営が多い		レッドオーシャン	A2	レッドオーシャンをターゲットとしている金融機関（オーバーバンキングで貸出利鞘がマイナスへ）
			A3	⇒　正常先の上・中位層からミドルリスク層にランクダウンすると，「金融機関の手のひら返し」ともいえる対応（いわゆる「日本型金融排除（financial exclusion）」問題）
	正常債権		B1	
			B2	
			B3	
		「不良債権予備軍」ではなく「成長予備軍」	B4	**＜目指すべきは"進んでいる"顧客本位の金融機関＞**
ミドルリスク先→正常先			B5	ブルーオーシャンをターゲットとしている金融機関 ←リレバン社長の３条件
要注意先→正常先		ブルーオーシャン	C1	⇒　信頼関係のある中小企業（①誠実，②やる気，③キラリと光るものがある）に伴走し，「専用当座貸越」「資本性ローン」「株式担保融資」「本業支援」で成長を後押し
			C2	
要管理先			C3	⇒　中小企業の営業キャッシュフローを改善させ創業・事業再生・事業承継・成長の実現
	開示債権			→　金融機関の"持続可能なビジネスモデル"（貸出等本業収益の拡大）の実現＝"共通価値の創造"の実現（「自分の地域は自分で守る」という「金融機関の本気度」にかかっている）
破綻懸念先		第二創業廃業支援	D	
実質破綻先			E	
破綻先			F	

5-9 地域金融機関の経営とガバナンスの向上に資する主要論点（コア・イシュー）
—再編論議の前にすべきこと

■「コア・イシュー」とは

　金融庁は2020年3月，「地域金融機関の経営とガバナンスの向上に資する主要論点（コア・イシュー）～「形式」から「実質」への変革～」を公表した。上場企業に適用されるコーポレートガバナンス・コード（企業統治指針）の「地銀版」といえる内容で，8つの論点を示している。

　「はじめに」の趣旨文において，地域金融機関の経営環境が年々厳しさを増す中で，「経営トップや取締役会等が，自行の経営理念を改めて見つめ直すとともに，実効的なガバナンスに基づき，自行を取り巻く経営環境を的確に分析し，経営戦略を策定・実践することも，一層重要となっている。本文書は，地域銀行の経営とガバナンスの実効性の向上に資するため，参考となる主要な論点（コア・イシュー）を整理したものである。……金融庁としても，こうした主要論点について，地域銀行と深度ある対話（「探究型対話」）を行うことを通じて，各行の経営理念・経営戦略・ガバナンス等について，一層理解を深めてまいりたい。」としている。

　特に，「3．経営者の役割」において，経営トップは，「仮に課題があると考える場合，その解決に向けて，課題を先送りすることなく，自らの任期中に取り組んでいくために，頭取は，どのような時間軸を意識し，どのような対応を行っているか。」と決断と覚悟を問う内容となっている。

　RAF（5-4参照）は，「時間軸」を意識しつつ，組織的・継続的にPDCAを回しながら「金融仲介機能」と「健全性」をトレード・オン（同時達成）に導くしくみであると解説したが，コア・イシューの8つの論点はバラバラに討議されるものではなく，**経営トップが経営理念（5-3参照）を現場において一気通貫で実践する際に不可欠なフレームワークとして活用されるべきもの**である。また，主要論点8のとおり，現場での経営理念の実践は人に尽きる。

［コア・イシュー：8つの論点］

0．はじめに（本文書を策定した趣旨）	
1．地域銀行の経営理念 ・経営理念 ・地域銀行の責務・価値観・目標 ・経営理念の行内への浸透 ・地域銀行のステークホルダー	**5．経営戦略の策定** ・経営戦略の策定プロセス ・経営理念と経営戦略の関係性 ・経営戦略の実績評価・経営戦略の見直し 　（PDCA）
2．地域社会との関係 ・地域との関わり ・地域のステークホルダーとの対話・協働	**6．経営戦略の実践** ・コスト・リターン等の分析 ・ポートフォリオの構築 ・急激な環境変化に対する取組み
3．経営者の役割 ・頭取による現状認識・将来見通し ・頭取による中長期的な方向付け ・後継者の育成	**7．業務プロセスの合理化や他機関との連携** ・業務プロセス・運営の効率化 ・店舗の在り方 ・他機関との連携
4．取締役会の役割 ・取締役会の役割 ・社外取締役の役割 ・取締役の選解任	**8．人材育成，モチベーションの確保** ・人材育成 ・モチベーションの向上に向けた取組み

(出所) 金融庁「地域金融機関の経営とガバナンスの向上に資する主要論点（コア・イシュー）～「形式」から「実質」への変革～」(2020年3月31日)，1－2頁

■「コア・イシュー」と合併，経営統合，業務提携

　地域金融機関の合併・統合の動きが続いているが，再編ありきの発想は危うい。地域金融機関が拠って立つ産業構造，歴史・風土，競争環境等は大きく異なる。経営理念・経営戦略等は，それぞれ固有のものであるだけに，まずは，「コア・イシュー」について部分最適ではなく全体最適の観点から，RAF（5-4参照）のフレームワークも活用しながら，経営自らの"解"を探求するべきであろう。

　なお，合併と経営統合の両方を経験したある経営トップの次の言葉は重い。

　『経験して分かるのは，合併は，合併「前」に，合併「後」の規程，組織，店舗統廃合は「机上の空論」でできるものだ。しかし，一緒になったアトが大変。大変さは「合併前が3」，「合併後が7」。合併後の融和には並々ならぬ神経を使う。夕方以降，政治の社会。一方，経営統合は，利害対立などは少なくなるが，ブランドが違うため，統一感を出すのに苦労する。合併や経営統合の前に，業務提携の道もある。それぞれの金融機関の経営トップが，手段である，合併，経営統合，業務提携を選択するということであって，再編ありきではない。』

「優越的地位の濫用」と目指すべきは「信頼関係の構築」

▣ 金融機関における「優越的地位の濫用」とは

優越的地位の濫用とは，取引上の地位が相手方に優越している事業者が，取引の相手方に対し，その地位を利用して，正常な商慣習に照らして不当に不利益を与えることである。たとえば，金融機関が融資先に対し，当該金融機関または関連会社の金融商品を購入させる融資との抱き合わせ販売や，貸付金の一部を定期預金にさせて拘束するなどである。

［優越的地位の濫用とは］

優越的地位の濫用とは，取引上の地位が相手方に優越している事業者が，取引の相手方に対し，その地位を利用して，正常な商慣習に照らして不当に不利益を与えることです。この行為は，私的独占の禁止及び公正取引の確保に関する法律（以下「独占禁止法」といいます。）によって規制されています。また，独占禁止法とは別に一定の要件を満たす下請取引については，下請代金支払遅延等防止法（以下「下請法」といいます。）によって規制されています。

※　公正取引委員会は法運用の透明性を一層確保し，事業者の予見可能性をより高めるため，「優越的地位の濫用に関する独占禁止法上の考え方」（以下「優越ガイドライン」といいます。）を作成しています。

優越的地位の濫用の規制趣旨

優越的地位の濫用は

○　取引の相手方（B社）の自由かつ自主的な判断による取引を阻害

○　取引の相手方（B社）はその競争者との関係において競争上不利となる一方で，行為者（A社）はその競争者との関係において競争上有利となる

→ 公正な競争を阻害するおそれ

（出所）公正取引委員会「優越的地位の濫用～知っておきたい取引ルール～」（2019年4月），1頁

最近，中小企業の経営者から「金融機関数は2つで，普通の協調融資で良いはずなのに，シンジケートローンを強く勧められる。アップフロントでなぜ手数料を払わないといけないのか？」などの声を耳にするが，金融機関の経営トップは経営理念（5-3参照）の実現の観点からも目を光らせるべきであろう。

　「優越的地位の濫用」は「信頼関係」を雲散霧消させる。金融機関の「お願い営業」は往々にして，優越的地位の濫用になりうる。ある地域金融機関の営業担当は，「高校の同窓会に行くと，みんな，引いてしまう。自分がノルマの消化に追われているのを周りは見ている」と自嘲的に語っていた。

▨ 目指すべきは「信頼関係の構築」

　中小企業経営者は金融機関を見ている。「信頼関係がないメイン金融機関には絶対，本音は話したくない」と語る経営者は少なくない。貸し手の金融機関と借り手の中小企業では，優越的地位の濫用に陥りやすい関係であるがゆえに，金融機関のプロダクトアウト営業では，信頼関係は構築できない。

　金融庁の「令和元事務年度の行政方針」では，「（監督・被監督の関係がある中でも）対話に当たっては，金融機関との間で，心理的安全性（2-6参照）を確保することに努める」とし，金融庁も金融機関に伴走する旨を打ち出した。金融機関も伴走支援型融資（5-7参照）を実践していく上での基本姿勢として，中小企業との心理的安全性の確保を強く意識することが不可欠である。

　ある地銀では貸出平残高などノルマに相当する項目は業績評価から外して，取引先企業の事業の理解に基づく融資や本業支援で徹底的に伴走する取組みを強化している。対話では，先ずは「聞き役」に徹して，「経営者の思いを理解し営業キャッシュフローの改善に向けて伴走する」を合い言葉にしている。定期的に行っている顧客満足度調査では，顧客満足度が上がっており，顧客の評価の高い支店は，結果として，貸出平残，利鞘，資金収益も高いという「正の相関」（信用コストは低いという「負の相関」）が明確に出ている（5-4参照）。**伴走支援型融資で「信頼関係」が構築できると，融資審査の時間も短縮される。最大の合理化効果である。**そうすると顧客の方から次々と融資や本業支援の相談が持ち込まれている。「好循環のループ」である。

コラム5 コーポレートガバナンスと「ど地銀モデル」

　徹底した現場主義の著者にとっては，60回近い日本銀行考査は1つひとつが心に残っている。その中で，バーゼル銀行監督委員会の日本代表として同委員会「銀行組織にとってのコーポレートガバナンスの強化」(1999年9月)を世に送り出すことに直接関わっただけに，多胡秀人氏(一般社団法人地域の魅力研究所代表理事)と初めてお会いした考査は今でも鮮明に覚えている。

　当時，社外取締役を重視する金融機関はあまりなかった。「社外取締役と是非面談したい」と申し入れてお会いしたのが多胡氏だった。面談時間は予定の1時間では足りず3時間に及んだ。「自己資本比率もそうだが，地域金融機関は自己資本の総額自体が地域エコシステムを守るために極めて重要だ」と考えていた著者は，同じ意見を持っている多胡氏とガッチリ握手した。

　さらに著者の心を動かしたのは，大野芳雄氏(現鹿児島銀行相談役)であった。大野氏はリレーションシップバンキングの基となる「ど地銀モデル」を作り上げていた。今も薫陶を受けている。大野氏の言葉は全国地方銀行協会「続地方銀行史談」(第20集(1989年))に記されている。

　　『地方銀行が長い歴史の中で今日存在する理由を考えてみても，ある一定エリアに責任を持って細かい金融のお世話をしているのが，地方銀行の役割です。そこを守ることによって，収益の基盤作りをすることを忘れてはいけません。(中略)「自分の領地は，自分で責任を持って守る」という意味まで含めて，「農耕型」という考え方を基本に据えるのが，当行の戦略と言うよりは地方銀行の使命ではないかと思います。

　　当時の流行として，アメリカで勉強してきたような若いアナリストが，会社説明会に来ては，「日本の銀行は，もっと投資銀行型のビジネスモデルに切り替えて，銀行自体の成長性を確保すべきだ」という質問を盛んにぶつけてきます。

　　それで私も，「いや，そういうものではないんですよ」と。「あなた達が言うことも，金融機関の方向性の一つとして否定はしないけれども，地方銀行にいちいちそれをぶつけて，それに当てはまることをやっているかどうかで評価すると，それは地方銀行に『あなた達の持っている使命を捨てなさい』と言っているのと同じことですよ」と，諭していました。その中であえて，「経営の基本理念は，鹿児島銀行を最も地銀らしい地銀にすることで，それは私が頭取の間にやるべきことだと思っている。地銀は農耕型だし，従ってそれは『ど地銀だ』と，いうようなことを話しました。地銀らしい地銀ということで，『ど地銀』でいいと思っていました……』

第6章

認定支援機関が取り組むべきこと

6-1 「認定経営革新等支援機関」（認定支援機関）とは？

■ 「認定経営革新等支援機関」（認定支援機関）とは

　中小企業をめぐる経営課題が多様化・複雑化する中，中小企業支援を行う支援事業の担い手の多様化・活性化を図るため，2012年8月30日，「中小企業経営力強化支援法」が施行され，中小企業に対して専門性の高い支援事業を行う経営革新等支援機関を認定する制度が創設された。

　税務，金融及び企業財務に関する専門的知識や支援に係る実務経験が一定レベル以上の個人，法人，中小企業支援機関等を，「経営革新等支援機関」（認定支援機関）として認定する。

　中小企業358万者に対して，認定支援機関数は36,726機関（2020年8月28日時点）であり，1認定支援機関当たり約100事業者となっている。

■ 経営革新等支援業務の実施状況―税理士等と金融機関の連携は待ったなし

　中小企業庁「令和元年度認定経営革新等支援機関に関する任意調査報告書」（2020年7月）によると，認定支援機関の構成は，税理士・税理士法人が52.7%，金融機関11.6%，中小企業診断士10.4%，公認会計士6.1%である。

　経営革新等支援業務の実施状況について，全体では「実施していない」及び「ほとんど実施していない」の合計が10.2%と1割もあり，前年19.8%よりは改善したが一層の改善が期待される（認定支援機関の更新制度は6-2参照）。

　中小企業が直面する経営課題の多様化・複雑化に対して，支援機関同士の連携により支援能力の相互補完が期待されている。中小企業支援を行う過程で連携した機関を確認したところ，「連携していない」が48.2%と高い。一方，連携した機関として多いのは金融機関であるが21.8%に止まっている。次いで多いのが中小企業診断士10.7%，税理士9.4%である。なお，金融機関の連携先を多い順にみると，よろず支援拠点16.3%，再生支援協会14.4%，中小企業診

断士11.1%，税理士10.5% である。

　今次コロナショックを踏まえると，税理士等と金融機関が一丸となって中小企業を支援する連携推進が強く期待される。また今後，地域内の支援能力向上に資する連携のあり方の一層の改善（中小機構（3-9参照）を軸とした連携情報ネットワーク拡充等）も不可欠である。

　なお，2019年3月，中小企業がニーズに応じ最適な認定支援機関を選択できるようにするため，「認定支援機関の関与を要する施策への支援実績」を調べられるよう「認定経営革新等支援機関検索システム」がリニューアルされた。

　また，2020年4月，中小企業・小規模事業者向けの補助金申請や事業支援のサポートを目的とした，国の Web サイトであるミラサポ plus（ローカルベンチマーク（3-1，3-2参照）を搭載）がスタートしている（3-7参照）。

認定経営革新等支援機関からの支援の流れ

01	中小企業・小規模事業者の経営課題	・売上を拡大したい ・設備導入を行い生産性を向上したい
02	支援機関の選定	認定経営革新等支援機関は中小企業庁ＨＰより検索 認定経営革新等支援機関検索システム　検索
03	認定経営革新等支援機関に相談	・経営状況の把握（財務分析，経営課題の抽出） ・事業計画作成（計画策定に向けた支援・助言） ・事業計画実行（事業の実施に必要な支援・助言）等
04	事業計画の実現！	・売上拡大のための戦略策定について支援を受けたところ，新規顧客獲得につながり，売上げが伸びた。 ・人手不足について悩んでいたところ，設備投資の補助金活用についてアバイスを受け，新規採用せずに，生産性向上を図れた。
05	モニタリング・フォローアップ	巡回監査の実施，改善策の提案など

（出所）中小企業庁 HP（https://www.chusho.meti.go.jp/keiei/kakushin/nintei/）を一部著者修正

認定支援機関の更新制度とは？

■ 認定支援機関の更新制度

　認定支援機関に登録することで，「経営力向上計画」「早期経営改善計画」を
はじめ，「ものづくり補助金」の申請時の「認定支援機関確認書」など，さま
ざまな中小企業支援施策の活用が可能になる。しかし，登録したにもかかわら
ず認定支援業務を行っていない機関が相当数存在してきた（中小企業庁「平成
28年度認定経営革新等支援機関に関する任意調査報告書」（2017年3月）において，
経営革新等支援業務の実施頻度について「ほとんど行ってきていない」が32.8％であ
ることが示された）。

　このような実態を踏まえ，「経営革新等支援機関認定制度の更新制導入」等
が2018年7月9日から施行されている。「更新制導入」とは，経営革新等支援
機関の認定期間に5年の有効期間を設け，期間満了時に改めて業務遂行能力を
確認するものである。

■ 経営革新等支援機関の認定（更新）基準について

　経営革新等支援機関の認定（更新）にあたっては，中小企業・小規模事業者
の財務内容等の経営状況の分析や事業計画の策定支援・実行支援を適切に実施
する観点から，主に以下の認定基準を設けている。

---

① 税務，金融及び企業の財務に関する「専門的な知識を有していること」(注)（要
　件①）
② 中小企業・小規模事業者等に対する支援に関し，法定業務に係る1年以上の
　実務経験を含む3年以上の実務経験を有していること（要件②）
③ 要件①，要件②がNOの場合でも，中小機構（3-9参照）において理論研修
　や実務研修を受講して合格すると，認定（更新）が可能である。

(注) 専門的知識を有する証明書にある「経営革新計画等の作成」とは，具体的には，「経営

革新計画」,「経営力向上計画」(最大1件までしか実績として認めない),「地域資源活用事業計画」,「異分野連携新事業分野開拓計画」,「農商工等連携事業計画」「中小企業承継事業再生計画」が挙げられる。「認定の更新」の際の対象については、これらに加え、「ものづくり・商業・サービス経営力向上支援補助金」,「経営改善計画策定支援事業」,「早期経営改善計画策定支援事業」,「先端設備等導入計画」,「事業承継税制」,「事業承継補助金」等が挙げられる。

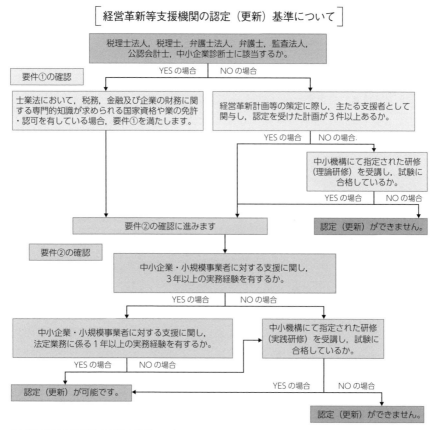

（出所）経済産業省関東経済産業局HP（https://www.kanto.meti.go.jp/seisaku/chushokigyo/koshin_shinsei.html）を一部著者修正

認定支援機関が活用できる諸施策①
―経営改善計画策定支援事業

■ 認定支援機関による経営改善計画策定支援事業

　認定支援機関の大きな役割の１つが，中小企業の経営改善計画の策定支援である。中小企業庁は2013年３月，**「認定支援機関による経営改善計画策定支援事業」(405事業)** を創設した。これは「金融支援を伴う本格的な経営改善の取組み」が必要な中小企業を対象として，認定支援機関が経営改善計画の策定を支援し，経営改善の取組みを促すものである。中小企業が認定支援機関に対し負担する経営改善計画策定支援に要する計画策定費用及びフォローアップ費用について，経営改善支援センターが３分の２（上限200万円）を負担する。

■ 認定支援機関による早期経営改善計画策定支援事業

　さらに2017年５月，認定支援機関の役割として新たに **「早期経営改善計画策定支援事業」(プレ405事業)** への対応を追加した。これは「資金繰り管理や採算管理などの基本的な内容の経営改善の取組み」を必要とする中小企業を対象として，認定支援機関が資金実績・計画表やビジネスモデル俯瞰図といった内容の経営改善計画の策定を支援し，計画を金融機関に提出することを端緒にして自己の経営を見直すことにより，早期の経営改善を促すものである。

　中小企業が認定支援機関に対し負担する早期経営改善計画策定支援に要する計画策定費用及びフォローアップ費用は，経営改善支援センターが３分の２（上限20万円）を負担する。金融支援を前提としないため，金融機関の同意がなくても当事業を利用できるなど，405事業と比べ一部条件を緩和しており，多くの中小企業に利用されることが見込まれている。

　経営改善計画策定支援のメリットは，中小企業の経営者と金融機関，顧問税理士等認定支援機関の対話を促し，互いの「信頼関係」を構築できる点にある。

［認定支援機関による経営改善計画策定支援事業］

中小企業・小規模事業者の経営改善に向けた一気通貫の支援態勢		
経営改善支援センター		中小企業再生支援協議会(注)
早期経営改善計画策定支援 （プレ405事業）	経営改善計画策定支援 （405事業）	事業再生支援

(注) 中小企業の事業再生に向けた取組みを支援する「国の公的機関」として47都道府県
に設置されている。2020年4月1日,「新型コロナ特例リスケジュール」（同協議会が
これまでの再生計画策定支援だけでなく既存の借入に最大1年間返済猶予を行う特例支
援制度）が開始。

（出所）中小企業庁「中小企業・小規模事業者経営改善支援について」(2013年3月) をもとに著者が
作成

●これでわかる！経営改善計画策定支援事業

Q1　なぜ「経営改善計画」（405事業）が必要か？

A　金融機関から返済条件を緩和してもらうことで，一時的に返済負担は軽減さ
れる。しかし，経営改善に向けた対応策を講じない限り，なかなか業況は好転
せず，借入金の返済が進まないほか，状況如何では，融資を受けることが困難
になり，資金繰りに支障を来す可能性もある。このため，「業況改善の可能性
とその実現施策」について，目に見えるかたちで対外的に説明することが重要
であり，その説明資料として具体的な計画書の必要性が高い。

- -

Q2　「経営改善計画書」（405事業）を作ると，どのようなメリットがあるか？

A　①業況の改善（売上増加，コスト削減），②金融支援の更改（返済条件の緩和
等），③金融機関，取引先からの信頼性の確保，④従業員のモチベーションや
生産性の向上などのメリットがある。

- -

Q3　「早期経営改善計画」（プレ405事業）を作ると，どのようなメリットがあ
るか？

A　①自己の経営の見直しによる経営課題の発見や分析が出来る。②資金繰りの
把握が容易になる。③事業の将来像について金融機関と認識を共有することが
できるなどのメリットがある。

- -

Q4　本事業（405事業，プレ405事業）を活用することが重要だと理解したが，
自ら経営課題を認識（可視化）するツールとして何かあるか？

A　「ローカルベンチマーク」(3-1, 3-2参照)は，政府，貸し手の金融機関，借り
手の中小企業，支援機関（商工会議所・商工会・中央会，日税連，ＴＫＣ全国会，
中小機構等）が総掛かりで普及・活用に努めている大変有効なツールである。

（出所）中小企業庁の資料をもとに著者が作成

6-4 認定支援機関が活用できる諸施策②
―経営力向上計画, 事業承継税制

■ 経営力向上計画とは

　中小企業・小規模事業者や中堅企業は，経営力向上のための人材育成や財務管理，設備投資などの取組みを記載した「経営力向上計画」を事業所管大臣に申請し認定されることにより，「中小企業経営強化税制」（即時償却等）や各種「金融支援」が受けられる。計画作成は認定支援機関のサポートを受けることが可能である。具体的には計画の認定を受けた事業者は，生産性を高めるために取得した設備の即時償却等や金融支援等（低利融資，債務保証等）の特例措置を受けることができる。

　経営力向上計画は「ものづくり補助金」の加点項目にもなっており，経営分析にローカルベンチマーク（3-1，3-2参照）の活用が推奨されている。

「経営力向上計画」の概要

国
（事業分野別の主務大臣）

申請　　認定

経営力向上計画

中小企業者等
中小企業・小規模事業者
中堅企業

申請をサポート

経営革新等支援機関

【支援措置】
- ➢ 生産性を高めるための設備を取得した場合，中小企業経営強化税制（即時償却等）により税制面から支援
- ➢ 計画に基づく事業に必要な資金繰りを支援（融資・信用保証等）
- ➢ 認定事業者に対する補助金における優先採択
- ➢ 他社から事業承継等を行った場合，不動産の権利移転に係る登録免許税・不動産取得税を軽減
- ➢ 業法上の許認可の承継を可能にする等の法的支援

（出所）中小企業庁 HP（https://www.chusho.meti.go.jp/keiei/kyoka/index.html）

■ 特例事業承継税制（法人向け）

　事業承継は，日本経済が直面している課題（人口減少，少子高齢化，事業者数減少）の縮図である（1-2参照）。国はこうした現状を踏まえ，2018年度税制改

正で「特例事業承継税制」を創設した。2018年1月から10年間の時限措置として，施行日後5年以内に承継計画を作成して贈与・相続による事業承継を行う場合の特例を定めた。非上場株式等の制限の撤廃や，相続税の納税猶予割合の引き上げ（80％から100％），あるいは雇用確保要件の実質撤廃など，非常に利用しやすい制度となっている。なお，この特例を中小企業が受けるためには，認定支援機関の指導・助言を受けて「特例承継計画」を作成し，都道府県に提出することが必要である。

$$\left[\text{事業承継税制の特例措置と一般措置の比較}\right]$$

	特例措置	一般措置
事前の計画策定	5年以内の特例承継計画の提出 2018年4月1日から 2023年3月31日まで	不要
適用期限	10年以内の贈与・相続等 2018年1月1日から 2027年12月31日まで	なし
対象株数	全株式	総株式数の最大3分の2まで
納税猶予割合	100％	贈与：100％ 相続：80％
承継パターン	複数の株主から最大3人の後継者	複数の株主から1人の後継者
雇用確保要件	弾力化	承継後5年間 平均8割の雇用維持が必要
経営環境変化に対応した免除	あり	なし
相続時精算課税の適用	60歳以上の者から 20歳以上の者への贈与	60歳以上の者から20歳以上の推定相続人・孫への贈与

（出所）中小企業庁「−経営承継円滑化法−申請マニュアル」（2020年4月施行），2頁

個人版事業承継税制

さらに，2019年度税制改正で「個人版事業承継税制」を創設した。2019年4月から10年間の時限措置として，個人事業者が事業用資産を贈与等により取得した場合の納税猶予及び免除の特例を定めた。

6-5 認定支援機関が活用できる諸施策③
―補助金

■ 小規模事業者持続化補助金

　小規模事業者等が今後複数年にわたり相次いで直面する制度変更（働き方改革や被用者保険の適用拡大，賃上げ，インボイス導入等）等に対応するため，小規模事業者等が取り組む販路開拓等の取組の経費の一部を補助することにより，地域の雇用や産業を支える小規模事業者等の生産性向上と持続的発展を図ることを目的とし，原則50万円を上限に補助（補助率：2/3）する (注1)。なお，「公募要領第4版：2020年4月27日」では，政策上の観点から，新型コロナウイルス感染症により経営上の影響を受けながらも販路開拓等に取り組む事業者等への重点的な支援を図ることが示されている (注2)。

(注1)　日本商工会議所「令和元年度補正予算 小規模事業者持続化補助金＜一般型＞【公募要領】」の「ご注意・ご連絡」にて『◇政府（中小企業庁）によれば，一部の認定経営革新等支援機関や補助金申請のコンサルティングを行う事業者が，補助金への応募を代行すると称し，作業等にかかる費用等と乖離した成功報酬等の費用を中小企業・小規模事業者等 に請求する事例が行政当局に報告されているとのことです。 小規模事業者持続化補助金は，小規模事業者自らが自社の経営を見つめ直し，経営計画を作成した上で行う販路開拓の取組を支援するものです。外部のアドバイスを受けること自体は問題有りませんが，上記主旨に沿わない申請は採択の対象となりませんのでご注意ください。なお，成功報酬等と称される費用，申請書作成セミナーと称される費用や補助金申請等にかかる経費に関しては補助対象外です。』を記載。

(注2)　「持続化補助金」，「ものづくり補助金」，「IT導入補助金」にて，コロナ対応として「特別枠」を設けてきたが，2020年5月，緊急事態宣言の解除等を踏まえて事業再開を強力に後押しするため，さらに支援内容を拡充した「事業再開支援パッケージ」を策定・公表した。

■ ものづくり・商業・サービス補助金

　中小企業・小規模事業者等が今後複数年にわたり相次いで直面する制度変更（働き方改革や被用者保険の適用拡大，賃上げ，インボイス導入等）等に対応するため，中小企業・小規模事業者等が取り組む革新的サービス開発・試作品開発・生産プロセスの改善を行うための設備投資等を支援するものである。さらに，新型コロナウイルスの影響を乗り越えるために前向きな投資を行う事業者

に対して，通常枠とは別に，補助率を引き上げ，営業経費を補助対象とした「特別枠」を新たに設け優先的に支援している。

[ものづくり・商業・サービス生産性向上促進補助金〔一般型〕(一部抜粋)]

「ものづくり補助金」だからできること。
補助上限 1,000 万円，補助率 1／2（原則）で
新製品・サービス開発や生産プロセス改善等のための設備投資を支援します。
また，新型コロナウイルス感染症の影響を乗り越えるため前向きの投資を行う
事業者を補助率を引き上げて支援します。補助率 2／3（特別枠）
誰でも使える。生産性向上を目指すなら。
以下の要件を満たす事業計画（3〜5年）を策定・実施する
中小企業なら，どなたでもご応募いただけます。

要件①：付加価値額	要件②：給与支給総額	要件③：事業場内最低賃金
＋3％以上／年	＋1.5％以上／年	地域別最低賃金＋30円

（出所）中小企業庁 HP（https://www.chusho.meti.go.jp/koukai/yosan/）

▧ IT 導入補助金

　中小企業・小規模事業者等が今後複数年にわたり相次いで直面する制度変更（働き方改革，被用者保険の適用拡大，賃上げ，インボイスの導入等）等に対応するため，中小企業・小規模事業者等が生産性の向上に資する IT ツール（ソフトウェア，サービス等）を導入するための事業費等の経費の一部を補助等することにより，中小企業・小規模事業者等の生産性向上を図ることを目的としている（通常枠（A・B 類型））。さらに，新型コロナウイルス感染症が事業環境に与える特徴的な影響を乗り越えるために前向きな投資を行う事業者向けに，「通常枠」より補助率を引き上げた「特別枠（C 類型）」を設け，サプライチェーンの毀損への対応，非対面型ビジネスモデルへの転換，テレワーク環境の整備等に取り組む事業者による IT 導入等を支援している。

▧ 事業承継補助金

　事業承継や M & A などをきっかけとした，中小企業の新しいチャレンジを応援する制度である。経営者の交代後に経営革新等を行う場合（Ⅰ型）や事業の再編・統合等の実施後に経営革新等を行う場合（Ⅱ型）に必要な経費を補助する。

6-6 認定支援機関としての税理士の役割①

―「情報の非対称性」と「中小会計要領」「書面添付制度」「月次巡回監査」の重要性

■ 税理士による「情報の非対称性」の克服

認定支援機関の「業務」について，根拠法である中小企業等経営強化法の規程をみると，第32条第2項において次のように規定されている。

すなわち，金融機関が中小企業に融資や本業支援をする場合に生じる「情報の非対称性」を乗り越えるために，**認定支援機関の過半を占めている税理士・税理士法人が経営助言などで活躍する余地が大きい**ことを物語っている。税理士には，監査証明業務を行う公認会計士・監査法人に適用される「監査証明業務提供会社に対する非監査証明業務の同時提供禁止」が適用されないからである。

●中小企業等経営強化法 ［⇒および下線は著者が解説・付記］

（認定経営革新等支援機関）

第三十二条 主務大臣は，主務省令で定めるところにより，次項に規定する業務（以下「経営革新等支援業務」という。）を行う者であって，基本方針に適合すると認められるものを，その申請により，<u>経営革新等支援業務</u>を行う者として認定することができる。

2　前項の認定を受けた者（以下「認定経営革新等支援機関」という。）は，次に掲げる業務を行うものとする。

一　経営革新若しくは異分野連携新事業分野開拓を行おうとする中小企業又は経営力向上を行おうとする中小企業等の経営資源の内容，財務内容その他経営の状況の分析

　　⇒　**中小企業等の事業性評価**

二　経営革新のための事業若しくは異分野連携新事業分野開拓に係る事業又は経営力向上に係る事業の計画の策定に係る指導及び助言並びに当該計画に従って行われる事業の実施に関し必要な指導及び助言

　　⇒　**事業性評価に基づく，企業価値（営業キャッシュフロー）を改善・向上させる計画の策定・実施に係る指導・助言**

■ 「中小会計要領」「書面添付制度」「月次巡回監査」の重要性

　「情報の非対称性」を乗り越えるためには財務情報の適切性が不可欠であり，「中小企業の会計に関する基本要領」(中小会計要領)に準拠した決算書の作成が求められる。また，税理士は財務書類の監査証明権限を有していないが，書面添付制度(税理士法第33条の2の書面及び同35条の意見聴取)は，税理士法第1条「独立した公正な立場」で，自己及び他人の作成した税務申告書に関する保証業務・監査証明業務を担っていることを明らかにするものであり，懲戒処分(同第46条)によって実効性が担保されている。同制度は税務に関するものであるが，財務に加えて非財務情報も必要に応じてカバーしており，金融機関は「情報の非対称性」を乗り越えるツールとして活用することが期待される。さらに，コロナ禍を受けて，タイムリーに適切な財務・非財務情報を提供するプラットフォームである「月次巡回監査」の重要性が改めて浮き彫りになっている。

●中小企業の会計に関する基本要領

> **1．目的**
> (1) 「中小企業の会計に関する基本要領」(以下「本要領」という。)は，中小企業の多様な実態に配慮し，その成長に資するため，中小企業が会社法上の計算書類等を作成する際に，参照するための会計処理や注記等を示すものである。
> (2) 本要領は，・・・以下の考えに立って作成されたものである。
> 　・中小企業の経営者が活用しようと思えるよう，理解しやすく，自社の経営状況の把握に役立つ会計
> 　・中小企業の利害関係者(金融機関，取引先，株主等)への情報提供に資する会計
> 　・・・
> **8．記帳の重要性**
> 　本要領の利用にあたっては，適切な記帳が前提とされている。・・・記帳は，すべての取引につき，正規の簿記の原則に従って行い，適時に，整然かつ明瞭に，正確かつ網羅的に会計帳簿を作成しなければならない。

●書面添付制度のメリット

> 決算書・申告書作成過程において，関与先から相談内容，税理士が行った会計処理判断及び税務判断を添付書面に記載することで，決算書及び申告書の質と信頼性が向上します。

(出所) 日本税理士会連合会「書面添付制度をご存じですか？」の裏面

6-7 認定支援機関としての税理士の役割②

—事例①「対話型当座貸越」を活用した資金繰り
改善・本業支援（商工中金，TKC全国会）

■「対話型当座貸越」とは

著者がアドバイザーを務める商工中金は，2018年11月1日，TKC全国会提携商品「対話型当座貸越（無保証）」の取扱いを開始した。当商品は専用当座貸越（5-7参照）であり，開発には著者も関与した。TKC会員による良質で信頼性の高い情報を，「TKCモニタリング情報サービス」(注) を通じてスピーディーかつ効率的に入手し，「情報の非対称性」（6-6参照）を解消し，関与先企業・TKC会員・商工中金の三者で充実した対話を図っていくことを重視しており，**事業性評価に基づく融資や本業支援を実践するための新たな商品**である。

事業承継の妨げとなり得る**個人保証（経営者保証）を不要**とすることで**事業承継を後押しするねらい**もある。

(注) TKC会員の税理士・公認会計士が，顧問先企業からの依頼に基づき，月次巡回監査等を通じて作成する信頼性の高い決算書や月次試算表等の財務データを金融機関に無償提供する，株式会社TKCが運営するFintechサービス。

■「対話型当座貸越」の特徴

(1) 関与先企業があらかじめ「当座貸越」契約を締結することで，資金が必要な場合には，**簡易な手続**（支店への伝票提出のみ）で調達が可能となる。関与先企業経営者は，急な資金調達が必要な際に，審査は早いが高利な消費者金融などに手を出す必要がなくなり，安心できる調達手段として当商品を活用できる。新型コロナの資金繰り対応でも中小企業経営者の評価は高い。

(2) **個人保証は不要**である。信頼性の高い情報（「月次巡回監査」「中小会計要領」「記帳適時性証明書」「書面添付」）を提供することや，3者面談を実施することを踏まえ，経営者保証ガイドラインに則した対応を行う。

(3) 事業性評価では対話と実地調査が不可欠（「月次巡回監査」を含む）であり，貸越枠設定のための**3者面談を必須**とする（年1回）。

(4) 本商品の申込みには「直近決算期が経常黒字かつ資産超過であること」が要件となっているが，これに該当しない**「赤字や債務超過」の場合であっても，TKC 継続 MAS システムで作成された経営改善計画書の提出がある場合は申込みが可能**である。**期中の業績悪化の場合にも同様**の対応である。

［対話型当座貸越の概要］

お申込み頂ける方	以下①〜③全ての要件を満たす事業者
	①以下の全てを満たす TKC 会員が関与している事業者
	  ✓ TKC への入会後 3 年以上経過していること
	  ✓ 当該事業者に対して 2 年以上巡回監査を実施していること
	②「TKC モニタリング情報サービス」により以下の帳表を全て提出すること
	  ＜決算書等提供サービス＞
	  ・基本帳表
	  ・オプション帳表
	    ✓ 中小会計要領チェックリスト
	    ✓ 記帳適時性証明書（直近決算期の「◎」が 6 個以上）
	    ✓ 税理士法 33 条の 2 第 1 項に規定する添付書面
	  ＜月次試算表提供サービス＞
	  ・基本帳表（半期毎以上）
	③直近決算期が経常黒字かつ資産超過であること
	  ・但し，これに該当しない場合であっても，TKC 継続 MAS システムで作成された経営改善計画書の提出がある場合は，お申込みは可能となります。

ご利用期間中の要件	本商品ご利用期間中は，事業者は以下の全ての事項を満たして頂く必要がございます。 ・関与税理士が TKC 会員であること ・「TKC モニタリング情報サービス」により上記「お申込み頂ける方②」の全帳表を提供すること ・年 1 回以上，事業者，関与税理士，商工中金が対面により，事業の概況及び見通しについて対話（会議）を行うこと ・2 期連続経常赤字，又は債務超過となった場合，TKC 継続 MAS システムで作成された経営改善計画を提出すること
ご融資形態	当座貸越 （ご融資専用の極度枠を開設し，資金需要発生時には借入申込書をご提出頂くことで，資金を預金口座に入金致します）
ご返済方法	随時弁済可
資金使途	事業上必要な短期運転資金
ご融資金額	極度 10 百万円以上 30 百万円以内。 但し，直近決算期の月商 2 か月分を上限とします。
利率	商工中金所定の利率
担保	無担保 （本商品以外のご融資には，担保をご提供頂く可能性がございます）
保証人	個人保証・・・なし（経営者保証も不要です） 法人保証・・・関係会社等が必要となる場合がございます。

・審査の結果によっては，ご希望に添えない場合がございます。

（出所）商工中金および TKC 全国会の HP

6-8 認定支援機関としての税理士の役割③
―事例②「ローカルベンチマーク」を活用した「プレ405事業」（税理士法人報徳事務所）

■ 「ローカルベンチマーク」を活用した「プレ405事業」

認定支援機関の税理士法人報徳事務所では，「ローカルベンチマーク」(3-1, 3-2参照) を活用した「プレ405事業」(6-3参照) などによって，関与先である中小企業の資金繰り管理・採算管理など経営改善に数多く取り組んでいる。

■ 具体的な事例 ‥‥‥ 関与先X社（アスベストの除去, 解体等の工務店）

≪「ローカルベンチマーク」を作成する3つのメリット≫

(1) **「対話」による認識の共有** ‥‥‥ A社長は「ローカルベンチマーク」による対話を従業員と行い業務内容・課題などについて認識の共有を図った。

(2) **「強み」に気づく** ‥‥‥ 同業他社と異なり，本来であれば元請企業が行う役所へ提出する完了報告書の書類作成等にも対応し，施工・品質管理のノウハウも積み上げリピート率100％という実績につながっている点に気づいた。

(3) **「課題」の認識と「対応策」の整理** ‥‥‥ ①人手不足（得意先から仕事の依頼があっても人手不足で対応しきれていない） ⇒ 対応策（自社の仕事がない時期でも協力会社への応援人員として活用することはできるため採用に力を入れ，アスベストの勉強会を定期的に行う）。②工事案件ごとの予実管理（現場で追加作業が発生する場合は社長へ相談しながら適宜対応しているが，なし崩し的な対応もあり，案件ごとの採算悪化につながっている） ⇒ 対応策（限界利益率を設定し案件ごとに予想・実績収益管理を行う）。③安定受注に向けた取引先の開拓（リピート率は100％だが，年間では仕事が入らない時期もある） ⇒ 対応策（安定受注確保のため，ゼネコンとの取引ができるように紹介により関係者との接触を図る。新分野（橋梁）のメンテナンス工事も開拓する）。

以下では，「ローカルベンチマーク」をマスターデータベースとして「早期経営改善計画書」を作成する事例を示す（3-7参照）。

ローカルベンチマークの「商流・業務フロー」を活用し，早期経営改善計画書（「プレ405事業」）の「ビジネスモデル俯瞰図」を作成する。

（商流・業務フロー）　⇒　（ビジネスモデル俯瞰図）

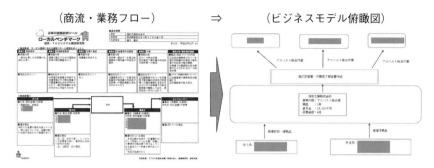

次に，ローカルベンチマークの「課題」と「対応策」を早期経営改善計画書の①「アクションプラン」にあてはめる。その際，「いつ（実施時期）」，「誰が（主担当）」，「どの程度の影響を与えるか（計画０期目，１期目以降）」について記載する。それをもとに，②「損益計画書」の項目に当てはめる（受注に繋げていくようなアクションであれば「売上高」に当てはめる等）。さらに，③「損益計画」をもとにした「資金実績・計画表」を作成する（計画書の完成！）。

（課題・対応表）　⇒　（アクションプラン）　⇒

⇒　（損益計画）　⇒　（資金実績・計画表）　完成！

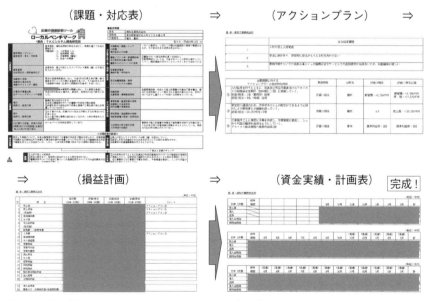

（出所）経済産業省「平成29年度産業経済研究委託事業【参考】モデル事業報告書」，12-19頁

認定支援機関としての中小企業診断士の役割①
—デューデリジェンスの実務と中小企業診断士の役割

■ デューデリジェンスとは—中小企業診断士の役割

　事業性評価（1-1参照）について，デューデリジェンス（Due Diligence：以下DD）の観点から整理すると次のようになる。

　DDは，融資先やM&Aの買収対象先の事業内容，経営の実態，経営環境を詳細に調査することで**「情報の非対称性」**（6-6参照）**を解消させること**であり，事業（ビジネス）DD，財務DD，税務DD，法務DD，人事DD，IT DD，環境DDなど多岐の分野にわたる。各分野についてそれぞれの専門家がDDにあたるのは大企業の事業再生，M&Aや民事再生等の場合である。

　一方，中小企業の場合には財務DDと事業DDに集約（注）され，財務DDは税理士や公認会計士，事業DDは**中小企業診断士**が主に担当する。規模の小さな企業を主な対象とする経営改善支援センター事業（405事業，プレ405事業（6-3参照））であれば顧問税理士など単独の専門家（認定支援機関）が両者を担うことが想定されている。中小企業再生支援協議会の案件では各専門家に依頼することが多い。コンサルティング会社に一括で発注することもある。

（注） 財務DDは，正常収益力や実態バランスを把握するための作業で，現時点での収益力や純資産を明らかにすることを目的としている。一方，事業DDは，将来の営業キャッシュフローを生む力（純資産の増加の可能性）を見極めることを目的としている。

　中小企業の場合，財務DDは中小企業再生支援協議会が定める調査，分析事項に則ることが多いが，経営改善支援センター事業では簡易な分析で対応することが多い。ただし，実態バランスの作成は必須である。

　中小企業の場合，事業DDには法務，人事，IT，環境などを含むが，ケースバイケースで調査対象を特定する。税務は財務DDの分野であるが，事業DDサイドで気づくこともある。また，不動産DDが必要になることもある。不動産を評価してその評価額を当事者間で共通認識とすることがあり，その評価は不動産鑑定士が担当するが，この評価はあくまで価格についてであり，財

務や事業の観点から売却や有効活用などを検討するのは事業DDの一部である。

　なお，法務DDについては債務カット（金融機関の債務免除）の場合は必須である。このような案件は経営改善支援センター事業（405事業）の範疇を超えており，たとえば，中小企業再生支援協議会の案件では，協議会が指名する弁護士が計画内容を検証し，合理性・妥当性を報告書にまとめる。これが金融機関の債務免除の妥当性のエビデンス（税務上，コンプライアンス上）になる。

■ デューデリジェンスの実務

　DDの作業プロセスは一概には言えないが，典型例を示すと以下の通りである。

---

　①　決算書（税務申告書）3期分を入手しキャッシュフロー計算書を作成。
　②　事業内容，取引先，キャッシュフロー，借入金の調達・返済等を把握。
　③　窮境原因について仮説を設定（この時点では仮に妄想だとしても，これが重要）。
　④　対象企業の代表者（経営実権者）にヒアリングを実施（初回面談，仮説なしでのヒアリングは無意味）。
　⑤　財務DD，事業DDの調査（実地調査は不可欠），分析事項を整理し，担当チームでミーティングを行う（仮説の検証と修正）。
　⑥　対象企業への資料，データの請求，追加ヒアリングなどで情報を収集し，分析を進める。
　⑦　担当チームで情報や作業状況を共有し，随時ミーティングを行い，調査報告書をまとめていく。

《実務上の留意点》

　財務DDはほぼ定式化されているが，粉飾決算などの虚偽が見つかった場合などはPLを実態に合わせて修正するため，相応に手間がかかる。

　事業DDで重視しているのは管理会計の観点からの部門別，分野別，取引先別，製品別の損益の把握である。窮境原因を突き止めるには不可欠な作業である。しかし，中小企業の多くの場合，こうしたカテゴリーでデータが整理されていないケースが少なくなく，この作業は財務DD，事業DDの担当者が協力して進めることが多い。オーバーラップして協力することが一番大切である。

6-10 認定支援機関としての中小企業診断士の役割②
―事例「事業デューデリジェンス」に基づく事業再生（CRコンサルティング）

■「事業デューデリジェンス」に基づく事業再生

　認定支援機関のCRコンサルティング（和田寿郎代表）では，経営改善支援センター事業を活用した経営改善計画策定支援（6-3参照）に全国で取り組んでいる。経営改善計画書は所定の書式に則るとされているが，より深く事業性を把握し営業キャッシュフロー改善を裏付けるためにデューデリジェンス（6-9参照）を重視して財務調査・事業調査報告書を別途作成することが多い。

■ 具体的な事例―支援先Y社（窮境状況にあった工務店）の再生支援

① 支援の経緯と状況

　対象企業のメインバンクである信用金庫からの要請で，概要の聞き取り，決算書3期分の分析の後に代表者と初回面談を行った。低利益の決算が続き，資金繰りが厳しい状況だったが，正常運転資金を超える長期借入金の多額の毎月返済にもその原因があった。取引金融機関へのリスケ要請，経営改善計画の策定を提案し，対象企業及びメイン信用金庫から了解を得て支援を開始した。

［損益，キャッシュフローの状況］

売上高	133,000
売上総利益	27,000
営業利益	2,500
経常利益	80
当期利益	80

※投資キャッシュフローは生命保険積立金の解約によるもの

営業キャッシュフロー	-2,700
当期純利益	80
非資金の費用項目	3,500
回収・支払サイト	-6,300
投資キャッシュフロー	19,300
フリーキャッシュフロー	16,600
財務キャッシュフロー	-16,900
キャッシュの増加・減少額	-300

［借入金一覧］

（単位：千円）

金融機関	長期／短期	借入金残高	毎月返済額
○○信用金庫	長期	28,641	667
	長期	8,950	310
	長期	41,410	715
	長期	19,800	310
	長期	19,499	167
	短期	10,000	―
政府系金融機関	長期	20,790	330
合計		149,090	2,499

② デューデリジェンスを実施

(1) 当社は，伝統工法による茶室や住宅の建築が得意で，優れた技能を持った大工を抱えているため外注比率は低く，また工事台帳にもとづく原価管理も相応に実行されていたため売上総利益率は20％程度を維持していた。事業性は認められるものの当社の技能を求めるマーケットが限定的で，受注はもっぱら代表者の人脈に頼っていたことから売上高が減少傾向にあり，経常利益がほとんど得られていない状況だった。したがって，顧客への効果的なアプローチ方法を検討し，売上高を回復することが主要な課題と考えられた。

(2) 財務面では，先代代表者の公私混同による不適切な会計処理と不良資産が見受けられ，これを修正したところ実態純資産は債務超過となった。また，借入金には前述の問題があり，資金繰りを圧迫していた。リスケにより資金繰りを安定させ，その間に事業改善に取り組むとの方針となった。**デューデリジェンスを行うことで，ローカルベンチマークは容易に作成できる。**

$$\boxed{\text{窮境原因と除去可能性}}$$

窮境原因

木造住宅の新築着工戸数の減少
当社の売上高も減少している

営業体制，営業活動が脆弱
社長の人脈に頼った営業になっている

公私混同と不適切な会計処理
私的な趣味と会社の事業の区別がない
資産の毀損により実態は債務超過

経費削減の遅れ
売上高の減少に応じた経費削減が不足

過剰な債務による資金繰りの危機
キャッシュフローで約定返済できない状態
社長とその親族からの借入金が増加

除去可能性

強みを発揮して環境変化に対応する
技術力，施工能力を受注に結び付ける

限られた人数で効果的な営業を行う
紹介可能性のある先，技術が生かせる分野等を開拓する

適切な会計処理と資金の回収
一部は是正されているが，今後も適切な会計処理を行う
不要な資産は売却などで資金化し，有効活用を図る

経費の適正化を検討し，実行する
事業に支障をきたさない程度まで経費削減を検討する

経営改善計画に基づき金融機関等に支援要請する
返済猶予により改善のための時間を確保する
具体的なアクションプランに基づく計画を策定する

③ 計画策定と実行支援

(1) アクションプランの実行と金融支援（リスケ継続とその後の返済計画）を骨子とする経営改善計画を取引金融機関に提示し，同意を得て成立した。

(2) 実行支援では，伝統工法による建築物や古民家再生などを得意とする設計事務所へのアプローチを進めており，成果を上げつつある。安定的な収益が見込まれたところでのリファイナンスによる出口を想定している。

AICPA（米国公認会計士協会）の機関誌"Journal of Accountancy"のHPに，「職業会計人（注1）が中小企業のパンデミックへの対応を支援する方法（How CPAs can help small businesses survive the pandemic）」（2020年4月30日）が掲載された。

（注1）　米国には，わが国のように税理士制度が存在せず，税理士と公認会計士の職域を包含しているため，CPAを職業会計人と記載する。

■ "Journal of Accountancy"から抜粋（下線は著者）

Vien（記者）：What would you like <u>clients</u> to know about applying for these programs（注2）？

Killian（職業会計人）：You know I think probably <u>the most important thing is,</u> particularly with the Paycheck Protection Program（注2）, <u>is that they make sure that they're reaching out to their banker.</u> So the SBA（米国中小企業庁）is having banks administer the Paycheck Protection Program because it's just way too much volume for the SBA to handle on their own. So <u>where you've got a relationship with a banker you really need to reach out to them and talk to them and have them help you through the program.</u> Most of the banks are administering this program right now.

As far as the Economic Injury Disaster Loans（注2）, that is administered by the SBA. And so you have to specifically apply for that through an SBA lender or directly with the SBA so clients just need to understand that and make sure that they're going through the right avenues and in particular getting in touch with your banker and their CPA because <u>the CPAs are doing a lot of work to understand these laws and to reach out to the bankers and understand, you know, the best way to help customers, you know, the bank's customers get to the appropriate people for the program they're interested in.</u>

（注2）　米国連邦政府による緊急融資，条件付き債務免除，現金支給等の中小企業支援策。

ポイントを整理すると，現金の確保と政府の中小企業支援策の活用は日本と同じである。相違点は，「職業会計人として，関与先のお客さまを支援するために，税務・会計等のみならず経営助言の専門家として，政府のコロナ対応の中小企業支援制度の理解・活用と，それを実践するために金融機関と連携している」ことである。この言葉の1つひとつが"熱量"として伝わってくる。職業会計人が，平時から自然な形で当然のごとく金融機関と対話し，しっかり連携していることが，その背景にある。

地域経済エコシステムの「好循環のループ構築」に向けて

地域経済エコシステムの「好循環のループ構築」に向けて
―「好循環のループ構築」を実践している金融機関の実例

■ 「危機」と「平時からの備え」

　平時と危機時の峻別は難しいが，ある閾値（99％でも99.9％でも構わない）を超える危機時（コロナショック等）において先行きが見通せない場合，金融機関は自己資本で対応するしかない（2-8，5-4参照）。この自己資本は，地域経済エコシステムを構成する中小企業（全国の企業の99.7％，雇用の7割）が果敢に事業リスクに挑戦し生み出した営業キャッシュフローから"融資の利息"としていただいたものが主な"源"である。ところで，北海道から沖縄までの地域金融機関の自己資本の厚みは区々である。危機が及ぶ範囲が世界全体から東日本大震災のように一国のエリアの場合もある。**守るべきはそれぞれの地域経済エコシステム**である。当該エリアの地域金融機関は先ずは自己資本で対応することになるが，地域経済エコシステムを守る場合に，国（国民の税金・国債）が登場することも必要になり得る（8-1参照）。

　バブル崩壊もそうだが，日常（normal）と想定していたものがクラッシュして初めて気づくのが危機といえよう。歴史に謙虚に向き合うべきだ。生物学的にも経済学的にも危機は何れ来ることは歴史が語っている。心すべきは**「危機が発生するまでの準備が大切だ」**ということ。火事場で火の消し方を勉強しても遅すぎる。「平時からの備え」こそが大切。「平時からの信頼関係」（4-1参照）こそが大切と同じだ。悪い予想をしておく。「ブラックスワン(注1)だ」と言って片付けるべきではない。エクスキューズに窮すると「ブラックスワンだ」と口にしている企業経営者や金融機関トップをよく目にする。危機への備えの自己資本を厚くするためにも平時からの経費削減の心構えも不可欠だ。

(注1) 確率論や従来の知識や経験からは予測できない極端な事象が発生し，それが人々に多大な影響を与えること。

■ 「リスクを取る」とは「未来への種まき」かつ「未来のリスク削減」への打ち手

ダーウィンの「種の起源」(注2) を持ち出すまでもなく，環境は常に変化し科学技術・工業なども常に進歩している。自らがリスクを取り進化しないこと自体がリスクになり得る。「時間軸」(5-3参照) の発想が不可欠だ。今，「リスクを取る」ことこそが「未来への種まき」であると同時に「未来のリスク削減」になる。**トレードオン**（同時達成：5-3，5-4参照）**への打ち手**だ。

ただ，むやみやたらに「リスクを取る」ということではない。RAF（5-4参照）のリスクガバナンスの考え方の下で，自らの自己資本を念頭に置いて，取るべきリスクは取るという**健全なリスクカルチャー**（5-4参照）を持つことが肝要である。「結果的に上手くいったか，いかなかったかではなく，そのリスクを取ったことに自らが納得しているか」が重要だ。自らの頭で考え，自らの言葉で語って行動し，結果責任を負う。ガバナンスが問われる所以だ。

たとえば，いわき信用組合（7-9参照）は，「地域とそこで暮らす人たち全てを丸ごと支える」を旗頭としている。RAF のリスクガバナンス（5-4参照）の考え方の下で，『「リスクを取る」ことこそが「未来への種まき」であると同時に「未来のリスク削減」への打ち手である』を実践している。

コロナショックなどへの対応でも，危機時に政策金融と同じことしかできないとすれば，地域金融機関の存在意義はない。「政策金融か民間金融か」は，お客さまである中小企業が選択する話である。お客さまは見ている。

(注 2) Charles Robert Darwin "The Origin of Species by Means of Natural Selection, or the Preservation of Favored Races in the Struggle for Life"

■ 地域経済エコシステムの実情

第 1 章の冒頭，「本業支援は広く金融機関以外も取り組んでいるが，金融機関は，固有の融資機能をあわせ持つ総合サービス業として，コロナ対応でも，中小企業に伴走する主役なのだ」(1-1参照) と記した。

しかし，著者には，たとえば，税理士（認定支援機関）からは，「メイン銀行に相談したところ，『新型コロナウイルス特別貸付等を行っている政府系金融機関と同じように，我々民間金融機関も実質無利子・無担保で融資できる仕組みが"整えば"全力で協力したい(注3)』といわれ，プロパーの資金繰り支援

には後ろ向きで困っている」とか，「リスケ中で，メインからの社長の奥様名義の個人ローンが片手の本数あって金利は何れも10％前後。政府が打ち出したコロナ対応融資について，資金繰りが大変なのに，『役員報酬を増やして奥様の個人ローン返済に当てるのはやむを得ない』と言われて困っている」等の相談が少なくない。

（注3） 2020年4月27日，中小企業庁・金融庁「『新型コロナウィルス感染症緊急経済対策』を踏まえた資金繰り支援について（要請）」(民間金融機関の実質無利子・無担保融資）が公表された。

また，金融機関の若手職員からは「事業性評価の出来る現場の人材育成が大切と考えます。格付手法や業績人事評価の見直しも必要。ただ現状，現場ではさまざまな金融商品があり，それぞれにノルマもある中で，顧客本位の営業ができるのか疑問です」「当庫では未だ保証協会付き融資のノルマがある。実際には運転資金を協会保証付き証貸で反復利用してもらっている企業が多いです。また，リスケ先について事業再生に目が向かず回収を重視する傾向が続いています」等の相談が多々ある。金融機関の多くは今も中小企業に十分な伴走ができていない。ただ，希望はある。

■ 地域経済エコシステムの「好循環のループ」実現に取り組む金融機関

金融庁は，2020年3月30日，「新型コロナウイルス感染症の影響による資金繰りやローンの返済等でお困りの皆様へ」(リーフレット）を公表した。同リーフレットには「まずはお取引先の銀行等へ積極的にご相談ください」が明記されている。政府は，4月7日，緊急事態宣言を発令し緊急経済対策を公表した。同対策にて「民間金融機関による迅速かつ柔軟な既往債務の条件変更や新規融資の実施等を要請し，検査・監督の最重点事項として取組状況を報告徴求で確認し，更なる取組を促す。また，返済猶予等の条件変更を行った際の債権の区分など，個別の資産査定における民間金融機関の判断を尊重し，金融検査においてその適切性を否定しないものとする。」を打ち出した。**検査マニュアル廃止の最大のメッセージ「金融機関の健全性は金融仲介機能の発揮があってこそ」の実践力が経営トップから現場まで問われる**ことになる。

例えば，稚内信用金庫（7-8参照）は政府の動きに先立つ2月4日，既往先には聞き取りだけで資料提供不要，無担保無保証の期間1年で反復可（繰上償

還ペナルティなし）の短期融資を開始した。疑似エクイティの供与だ。「平時からの信頼関係」(4-1参照) を支える動態事業性評価 (5-7参照) ができているので全営業店で即日融資も行っている。増田理事長は「プロパーか政府系かを選択するのはあくまでお客さまの判断。単年度で赤字になっても構わない。そのために自己資本がある」と。RAF の実践である。地域経済エコシステムを支える覚悟がある。将来が見通し難いがゆえに，単に資金を付けるだけでなく未来を切り拓くための「伴走支援型融資」(2-9, 5-7参照) が中小企業の元気回復に威力を発揮する。

　全国の中小企業を日々支援し改めて確信したことは，3 条件 "誠実，やる気，キラリと光るものがある"(1-10参照) の経営者は次の一手を四六時中考えている。ただ金融については素人なのだ。本業支援は広く金融機関以外も取り組んでいるが，**金融機関は，固有の融資機能を併せ持つ総合サービス業として，コロナ対応でも，中小企業に伴走する主役**だ。経営者は辛いときに全力で支援してくれた金融機関への恩義は決して忘れない。

　7-2以降では，こうした地域経済エコシステムの「好循環のループ」の構築・実現に取り組んでいる金融機関の実例 (注4) を取り上げる。

（注 4） 山陰合同銀行の実例は「ESG 金融・SDGs 経営」(3-6参照) を参照。

$$\left[\begin{array}{c}\text{金融庁「資金繰り等でお困りの皆様へ（リーフレット）」- 抜粋}\end{array}\right]$$

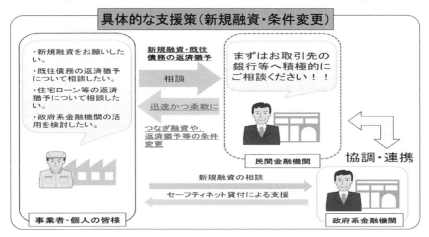

（出所）2020年 3 月30日金融庁「新型コロナウイルス感染症の影響による資金繰りやローンの返済等で
　お困りの皆様へ」(リーフレット) から抜粋

139

■ きらぼし銀行の経営理念・経営方針・ビジョンと実践

　2018年5月，東京都民銀行，八千代銀行，新銀行東京の3行が合併し，きらぼし銀行がスタートした。経営理念「首都圏における中小企業と個人のお客さまのための金融グループとして，総合金融サービスを通じて，地域社会の発展に貢献します」の下，経営方針「①きらりと光る銀行　②チャレンジする銀行③思いをつなぐ銀行」と，ビジョン（目指す姿）「首都圏においてお客さまから真に愛される地域No.1の都市型地銀グループ」を掲げる。中期経営計画「スタートアップ✕きらぼし」（2018年5月～2021年3月）では，将来像「金融にも強い総合サービス業」の実現に向けて経営戦略として，『対話』を通して①お客さまの理解を深めて課題を共有し，②課題解決に向けた提案を行い，③信頼を得てファーストコールをいただける銀行として，最終的な目標「共通価値の創造による地域の発展」をきらぼしKPI（注）として設定している。

　著者は，2017年10月14日（3行合併の半年前），3行の経営トップを含む部店長向けに『「共通価値の創造」に根ざしたビジネスモデルの確立』をテーマに講演を行ったほか，2019年1月25日，営業店の融資渉外向けに事業性評価融資の実務を中心に講演を行った経緯がある。

　新型コロナ対応では，2020年3月16日，「新型コロナウイルス対策緊急つなぎファンド」を創設し，最短で即日融資をする体制をスタートさせている。

（注）　ファーストコール先（法人・個人7,000先），うち事業性評価融資（事業性評価を経て課題解決の提案を行った先数（法人））600先　＜東京きらぼしFG＞当期純利益60億円
　　＜きらぼし銀行＞コア業務純益125億円，OHR80％

■ メイン化による企業価値の向上（＝ファーストコール）がビジネスモデルの骨格

　当行は，2016年下期以降，ミドルリスク先以下を対象として，本格的に事業性を評価しキャッシュフローのある企業に対して，資金繰り改善を含む企業価

値向上に向け，複数行による貸出をキャッシュフローにあった返済方法に組み替えメイン化を図る提案（「**メイン化プロジェクト**」）に取り組んできている。メイン化後も，伴走を続け円滑な事業承継などを実現してきている。

■事例・・・事業性評価融資によるメイン化でランクアップ＝共通価値の創造

X社（卸売り加工業）のメインはメガバンク，当行はサブ。銀行借入はすべて証書借入。使途は①運転資金，②加工業なので設備資金，③デリバティブ，④赤字補てんなど数十本の長期借入が錯綜していた。実地調査に基づく事業性評価を行いリスクを取れるだけの営業キャッシュフローがあることを確認した。複数の不動産担保が入り組んでいたが，当行がリファイナンス（正常運転資金見合いの当座貸越とそれ以外に対応した超長期の証書貸付）で1行メイン化を行い，経営者保証も3要件（1-3参照）を確認して解除し事業承継も実現した。

[事業性評価融資によるメイン化でランクアップ＝共通価値の創造]

【状況】		【窮境期】⇒除去⇒【直近】		
財務	：債務超過	売上	：130	150
銀行借入	：リスケ対応	経常利益	：▲5	3
取引銀行数	：13行	CF（※）	：▲3	5

※ CF＝当期利益＋減価償却

窮境要因	除去
・過大な為替デリバティブ契約 ・経理担当者による横領	・デリバティブ契約の解除 ・内部管理体制の構築等

【財務，調達構造】

事業性評価融資による借換実施
取引銀行数：13行→1行
（リスケ出口対応）

売上債権	30	買入債務	40			
棚卸資産	30	銀行借入 【年間返済】	90 【3】	正常運転資金	⇒当座貸越	20
固定資産	70			要償還債務	⇒証書貸付 【年間返済】	70 【3】

7-3 東北銀行

◾ 経営理念「地域金融機関として地域社会の発展に尽くし共に栄える」 ＝「創業精神」

　東北銀行は，戦後復興期，県内経済をもっと活力のあるものにしなければならないという岩手県民の強い気持ちを受け，商工会議所が中心となって設立された戦後初（1950年）の普通銀行である。経営理念「地域金融機関として地域社会の発展に尽くし共に栄える」は，そのような戦後復興期における中小企業への安定資金供給を使命として設立された背景から生まれたものであり，同時に「創業精神」でもある。

●中期経営計画（2019年4月～2022年3月）

> 正常先下位から要管理先に区分されるお客様を『成長予備軍』とし，『成長予備軍』のお客様を中心に当行が従前から培ってきたリレーションシップバンキングを重視した支援を行い，当行を『心のメイン』と評価していただけるお客様を増やし，またお客様の企業価値の向上を図ることで，「地域力の向上」を真に追求していきます。

テーマ	"地域力の向上" ～「復興」と「地域経済活性化」への貢献～
	とうぎんVISION
	『心のメイン』
ビジネスモデル	中小事業者への積極的な支援
基本戦略	1. 成長予備軍とのリレーション向上 2. 農林水産業を中心とした地域経済の活性化 3. 事業再生へ向けた持続的なサポート 4. 営業店アクションプランの実践

経営基盤の強化

人材育成， 評価方法の刷新	アライアンス・ITを 中心とした業務効率化	全員営業体制 の構築

（出所）東北銀行「経営強化計画（ダイジェスト版）」（2019年6月），9頁

■ リレーションシップバンキングで「地域力の向上」実現へ

中期経営計画では，正常先下位から要管理先に区分される取引先を「成長予備軍」と捉え，リレーションシップバンキングを重視した支援に取り組んでいる。融資残高にかかわらず，当行を「心のメイン」とする取引先を増やし「企業価値の向上」を図ることで「地域力の向上」を追求しているところである。

著者は，2017年9月，経営トップを含むブロック店長向けに『「ベンチマーク」と「ロカベン」の実践で中小企業・地域活性化を推進する』をテーマに講演を行った。これを受け，村上頭取は当行の事業性評価シートをロカベンへ全面シフトすることなどを決断した。2018年1月には全役員と全営業店長，渉外課長が参加するセミナーにて，さらに同年3月は全営業店の渉外担当者向けに実務を中心に講演を行い，**すべての役職員がロカベンの事業性評価に基づく融資や本業支援を実践できる体制の構築を後押しした。**講演内容は，著者が未来投資会議「構造改革徹底推進会合」において提言（4-1参照）した「ロカベンの活用による中小企業の事業の見える化の推進」「地域金融機関による『ミドルリスク先』以下への対応強化（ミドルリスク先は『成長予備軍』）」等を実践するものである。コロナ対応でも融資支援等にスピード感がある。

中小企業庁は2020年4月，ミラサポplus（ロカベンを搭載）を開始した。ロカベンは本業支援での補助金申請に必要な情報のマスターデータベースになる（3-7参照）。著者が業績改善を支援する中小企業経営者は，ロカベンをクラウド等も利用しメモ帳として活用している。一方，多くの金融機関は事業性評価シート作成が途上であり更新も不十分だ。当行はロカベンによる事業性評価に舵を切り，デジタルガバメントのフロントランナーに位置する。ミラサポplusが企業価値向上のプラットフォームになるだけに，**「経営者がロカベンの情報を共有する金融機関をメインバンクとして選択する」との認識が不可欠**である。

● 「重点支援先」（成長予備軍で経営者とグリップ可能な事業者）支援の流れ

①事業性評価の実施（営業店にて対象先の事業性評価（ロカベン）を実施 ⇒ ②本業支援ミーティング開催 ⇒ ③対象先との面談（グリップ）⇒ ④本業支援の実施 ⇒ ⑤営業推進会議の開催（対象先・営業店・地域応援部の三者で「営業推進会議」を開催し，本業支援の取組状況や成果について対象先と確認し合いながらPDCAを回す）⇒ 「企業価値の向上」実現

（出所）東北銀行「経営強化計画（ダイジェスト版）」（2019年6月），11頁

7-4 きらやか銀行

■ 経営理念（"私たちの想い"）～銀行業から本業支援業へ～

　きらやか銀行は，経営理念"私たちの想い"「本業支援を通して地元の『中小企業』と『そこに働いている従業員の皆さま』から喜んでいただき地域と共に活きること」を掲げ「銀行業から本業支援業へ」の転換を推し進めている。本業支援を「アクティブリスニングという活動を通して共有した事業ニーズを一緒に考え，課題解決することでお客様に喜んでいただけるビジネスモデルであり，全行員が組織的かつ継続的に取り組んでいます」と定義づけている。**先ずはお客様の喜びがあり，地域の活性化から取引拡大と経営基盤強化に繋がる。**

　本業支援は特に中小企業・小規模事業者を中心に展開。「財務の本業支援」は資金繰り支援が中心だが過去の解決にしかすぎない。それだけでは企業の将来はないので「成長の為の本業支援」を実施している。さらに，「福利厚生の

（出所）じもと HOLDINGS「会社説明会～2020年3月期第2四半期～」(2019年12月)，13頁

本業支援」(注) を2019年1月から開始した。結果，資金需要も生まれている。

(注) 中小企業の従業員の福利厚生サービスを行うことでモチベーションアップ等を支援。

■ 著者の心が共振した粟野きらやか銀行頭取の言葉

> 著者は，2015年のゴールデンウイークにインターネットで当行のCM「活きる」をたまたま目にした。CMの主役は中小企業の社長さんで，「支援していただき自分の夢が叶った。感謝しています」と。プロダクトアウト（銀行の商品販売）のCMでないことに心動かされ，是非会いたいと思ったのが粟野頭取とのご縁の切っかけだった。2015年11月，支店長会議において「事業性評価に基づく融資や本業支援」をテーマに講演を行うなどやりとりが続いている。

(1)　日々，「There is always another way」。まずやってみる。失敗しても成功するまで色々な方法を試みレベルアップしていく。私の信条だ。

(2)　取締役会で一番時間を使っているのは，**10年後の銀行はどうなっているか**という議論だ。先を見ながら今できることをやっていくという強い思いがある。足元の株価も見ているけれども7対3ぐらいで先のほうを見ている。

(3)　銀行の地域によって顧客や競合環境などは異なる。他の銀行と単純比較できないものが多い。**時系列での評価に耐えるビジネスモデルを創っていく。**

(4)　ビジネスモデルの構築には時間とコストがかかる。手間のかからないビジネスモデルは他から簡単に真似されてしまう。**手間をかけないと駄目だ。**

(5)　私の取組みがサステナブルか正直わからない。わかっていれば誰も苦労しない。**大事なことはビジネスモデルが上手くいっている否かを検証するPDCAが機能しているかということ。**永遠不滅のビジネスモデルはあるわけがない。

(6)　**中小企業経営者は会社イコール人生**だ。会社に命を捧げ，苦労をしている時も順調な時も自分の会社に一生懸命な姿は胸が打たれる。本業支援をする理由はただそれだけ。これが私の想いだ。行員にも車座で想いを伝えている。

(7)　経費削減も含めビジネスモデルをシンプルかつ明確にして徹底的に中小企業の活性化（「活きる」）に取り組む覚悟だ。**確固たる経営理念を組織に浸透させ，日々具体的に実践する。**この10年で店舗数は81店から62ヵ店まで減少させたが，法人渉外担当は191人から237人まで増加させている。

📷 販路開拓コンサルティング「Ｖサポート」による「共通価値の創造」の実践

　豊和銀行の販路開拓コンサルティング「Ｖサポート」は，契約した企業のトップライン（売上高）に焦点を当て，製品等を購入する企業を探すことに加え，製品に対する評価・満足度等を買い手企業から聞き取り，売り手企業に還元することでビジネスモデルの改善・変革をももたらすのが特徴である。

> 【Ｖサポート事例　～弁当店Ａ社はビジネスの中身が変わった～】　Ａ社は弁当仕出業を本業でやりながら，従前の弁当だけであれば販売単価の勝負だが，ケータリング方式によって保育園のような買い手が増えて粗利もアップした。次に，生の食材を提供する取組みで高い粗利率を確保しながら幼稚園という新しい販売先が開拓できた。売り手のビジネスモデルを変えることで業績改善に協力でき，融資にもつながった。まさに「共通価値の創造」だ。これを支えるのが，売り手への明細（専用）当座貸越と，買い手からの入金は当行口座への振込指定とする動態事業性評価だ。

当行取引先の老舗弁当店Ａ社は弁当製造と県内事業所向けの弁当配達を行なっています。

Ａ社とＶサポート契約を締結した当行は，"Ａ社の弁当を買ってくれる会社"を探すため，営業店のネットワークを駆使し，Ａ社の販路開拓に取り組みました。

新販路の開拓に取り組む中で，当行とＡ社で既存商流や業務フローを分析したところ，「職域へ弁当を販売・配達」するビジネスだけでなく，[ケータリング形式で配膳前の料理を配送]するビジネスもあることが判明しました。

そこで，当行取引先のＢ保育園に提供を提案したところ，「園児に給食の配膳作業を経験させたい」というＢ保育園のニーズと合致し，商談が成立しました！

次に，Ｃ幼稚園にも同様の提案をしたところ，「人材確保が難しい栄養士に食材の買出し等の負担を掛けずに調理に専念してもらいたいので，"料理"ではなく"食材"を提供してほしい」との要望を受けました。そこで，当行とＡ社で協議し，Ｃ幼稚園に以下の条件を提案しました。

・園児の人数分の"食材"とともに料理の献立表とレシピを提供する。
・食材の数量は月初に決めた人数分で欠席者が出ても変更しない。

この提案を受けたＣ幼稚園は「行政の規制を守ることができ，栄養士さんにも調理に集中してもらえる！」とお喜びになり，商談が成立しました！

当初は弁当ではなく食材の配送ということで難色を示されたＡ社にも

・従来のビジネスモデルよりも採算が確保しやすい。
・毎日配達個数の確認をしなくて済み，従業員の負担が増えない。
・急な個数変更による無駄が省ける。

とのことで大変喜んでいただきました。

Ａ社の一連のＶサポートの取組みを通し，売り手と買い手，双方から喜んでいただけただけでなく，Ａ社のビジネスコンサルタントとしても貢献することができました！

（出所）「豊和銀行ディスクロージャー誌2019」，10頁

■ 豊和銀行の目指すビジネスモデルについて

　豊和銀行の目指すビジネスモデルについて権藤頭取と次のやり取りをした。

　著者　人口減少・過疎化の流れに地域金融機関はどう対応すべきか？

　頭取　対応策は3つある。第1は地銀再編。第2は不動産や外債等の特定分野への傾斜。ただ裏目に出た金融機関は数多い。第3は各地域の歴史や産業構造等の個性・特性を踏まえた地元と歩むビジネスモデル構築。私は地域で一番何をやらなければならないかを考え実行する第3の道を選んだ。その打ち手が「Vサポート」であり，預金，貸出に続く「第3の本業」と位置づけている。地銀の統合を政府が検討するのはよいことだが，豊和銀行を求めてくれている地域の顧客がいる中で統合の選択肢はない。統合はしょせん強者の論理でしかない。助けられる側になってしまえば独自性は失われ，既存の取引先は切り捨てられる。そんなことはあってはならない。

　著者　「Vサポート」の効果を改めて整理するとポイントは何か？

　頭取　業績改善を必要としている売り手企業にビジネスモデルの改善・変革をもたらし持続的な営業キャッシュフローを生み出す。社長や従業員の笑顔が広がるのみならず，当行にも3段階の目に見える効果がある。第1はランクアップに伴う引当の戻り益。たとえば破綻懸念先への100百万円の融資に対して引当は60百万円だが正常化で戻り益60百万円がある。第2は営業キャッシュフローの改善を受けて増加運転資金や店舗改装等の設備資金の増加を生む。資金需要はないのではなく生み出すもの。第3に利ざやの改善や手数料収入につながる。地域金融機関が生き残るには地元事業者が元気になることに尽きる。それには，金融機関が地域課題の解決を通じて収益拡大につなげる「共通価値の創造（CSV）」をすることだ。「Vサポート」はCSV発想と根っこは同じだ。

　著者　「Vサポート」を実践するには全行員のカルチャーの変化が必要だが？

　頭取　「第3の本業」なので組織を挙げて継続的に取り組む。一過性のキャンペーンで終わるような"なんちゃってビジネスマッチング"ではない。それを裏付けるために，支店の業績，個人の業績，個人の人事考課に反映させるしくみとした。一番大事なのはここだ。共通価値の創造，顧客本位の業務運営の浸透を成し遂げるカルチャーの変革が不可欠。短期的な成果は追わず，長期的な視点で取り組むトップの姿勢と車座集会を含めた汗と（嬉し）涙が大事だ。

吉備信用金庫

　吉備信用金庫は，中小企業の元気を起点とする地元とともに発展するビジネスモデルの構築に取り組み，西日本豪雨災害（2018年7月発生）の復旧にも全力投入している。

■ 「お客様の喜びを喜びに」をスローガンとするビジネスモデルへの転換

(1) **2016年からビジネスモデルを転換**……2016年，スローガン「お客様の喜びを喜びに〜最初に相談される金融機関になろう〜」を掲げ，取引先との信頼関係構築が必要であるとの金庫の方向性を示した。2018年度スタートの「中期5ヵ年経営計画」に，地域・小規模事業所・個人への取組み，特に，創業者，ミドルリスク先に対する融資や本業支援の取組みを盛り込んだ。

(2) **金庫の姿勢をコミットする事業所訪問**…… 事業先へのアンケート（2018年開始）で，訪問や経営支援が十分ではないことが判明し，事業先への定期的な訪問とニーズ・課題を把握し提案するため，訪問時に，金庫の姿勢や経営相談等中期経営計画の内容を取引先に伝えコミットする活動を開始した。

(3) **「アグレッシブサポート」を発売**…… 著者が2018年3月，財務省中国財務局主催「平成29年度金融仲介の質の向上に向けたシンポジウム」の基調講演とパネリストとして登壇した際に，吉備信用金庫の役員が参加しており，役員・部店長向け研修依頼を受け，2018年5月に講演を行った（2019年1月，第2回研修会を営業店の役席者・渉外担当者向けに実施し，事業性評価や本業支援の趣旨を徹底した）。同研修を踏まえ，2019年春，ミドルリスク先（実質破綻先までを含む）への動態事業性評価による融資として，正常運転資金に対応した専用当座貸越により営業キャッシュフローを改善し，持続的な成長を目指す商品「アグレッシブサポート」を発売した。19年9月には，営業店が積極的にミドルリスク先に取り組めるよう，営業店長権限の拡大等の整備をした。

◼ どのような背景があったのかについての当金庫の認識

(1) **ビジネスモデル転換と職員のモチベーション向上の必要性** ······ 従前，優良先への融資と住宅ローンを主に低利であるが安全な運用を行ってきた。しかし，低金利の継続により金利競争の影響を受けビジネスモデルが成り立たなくなった。また，融資量を拡大する営業活動や，取引先からの案件に受け身で対応する営業活動では，職員のモチベーションとレベルは上がらない。

(2) **地域活性化には事業所の成長と維持が不可欠** ······ 今まで正常運転資金を証書貸付で対応し資金繰りが悪化した。事業継続困難という最悪の事態は回避しなければならない。

◼ 新たなビジネスモデル構築の進捗状況と成果

(1) **職員の意識改革** ······ 証書貸付で運転資金を賄ってきた職員にとって，資金の出入りを確認する専用当座貸越は煩わしく，貸倒引当金を積んでまでミドルリスク先に対して取り組むことに抵抗があった。そこで，清水理事長ほか役員が先頭に立って支店長とともにミドルリスク先を訪問し，企業価値向上のためには当金庫がリスクを取る姿勢を取引先と金庫の職員に示した。経営者から感謝される事例が出てくると職員が理解するようになり，「お客様本位の活動」こそ経営者の役に立ち，働き甲斐を感じるとの認識が共有された。

(2) **「アグレッシブサポート」の実践と成果** ······ 対象は①商流が把握でき，②経営者が本気で事業改善に取り組み，③数年以内に営業 CF の改善が見込めるミドルリスク先である。商流を把握し資金繰りを改善するためにはリファイナンス等も必要であり提案する職員にとっても本気度が必要である。

■事例 ······ 破綻懸念先をランクアップへ

　A社（債務超過があり証書貸付をリスケした破綻懸念先）に対して，今後の事業計画を改めて策定し，他行を含めてリファイナンスした上で運転資金を専用当座貸越に切り替えた。動態事業性評価の本業支援で伴走することで，数年後に債務超過が解消できる見込みが立ち，ランクアップを予定している。経営者からは，「毎月資金繰りの心配をする必要がなくなった。これからの事業にも自信を持って取り組めるようになった」と喜ばれ，経営者と信頼関係ができた。

7-7 のと共栄信用金庫

■ 「創業支援」の実績を積み重ね「地域の面的再生」を目指す

　のと共栄信用金庫（石川県七尾市）は地域社会と持続的成長を共有できる，お客様目線に立った独自の金融仲介機能を確立すべく挑戦し続けてきている。2014年1月発足の「ななお創業応援カルテット」では，これまでに195件の相談を受け85件が創業した。補助金・助成金の活用支援や事業承継支援とともに地域の面的な再生を目指す「大呑（おおのみ）プロジェクト」（日本財団わがまち基金プロジェクト）等，地域活性化につながる新たな活動にも取り組んでいる。

［過疎地域におけるわがまち移住・創業応援事業の面的展開＝地域創生］

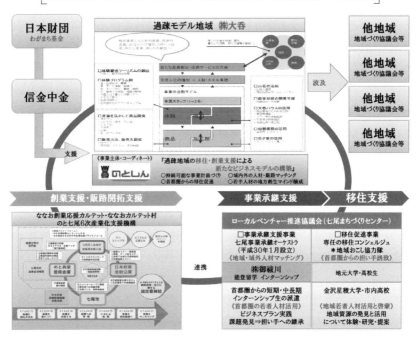

（出所）のと共栄信用金庫「REPORT2019のとしん」，7頁

■ 創業支援が「地域とともに「持続可能なビジネスモデル」の実現」の骨格

　2006年までは，融資の大きな戦略として住宅ローン等個人ローン主体であったが，事業性融資先数が長らく前年比マイナスが続き，「我々は本当に信用金庫と言えるのか」と随分議論し，同年9月，「中小零細企業に寄り添い伴走していくことを忘れてはならない」と事業性融資を軸とするビジネスモデルに転換した。

　ローカルベンチャー推進事業計画の地域再生計画区域として補助金がついたこともあり，「ななお創業応援カルテット」（七尾商工会議所・七尾市・日本政策金融公庫・当庫の四重奏）が2014年1月にスタートした。その記者会見で，ある記者からの問い「創業目標は何件ですか？」に対し，大林（現）会長は「まず1件の成功事例から。若者が来ているので何とか夢を実現させてあげたい」と答えた。当庫融資管理部も，従来は「事業実績のない創業融資などして良いのか？」だったが，実際に事業性を評価しきらっと光るものがあれば，我々が伴走支援することで持続可能になる。個人保証や保証人なし。創業85件のうち損失発生はゼロ。**「挑戦し未来を切り開く」が当庫共有のカルチャー**だ。

　著者は当庫と日銀金沢支店長（2007-09年）以来親しくしており，2016年には当庫支店長会議で講演「伴走支援型融資の実践」を行うなど関わりが深い。

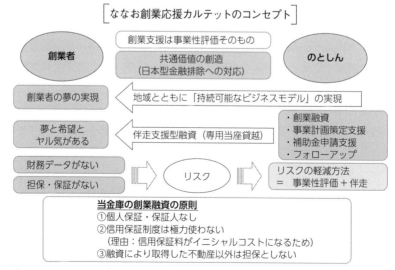

[ななお創業応援カルテットのコンセプト]

7-8 稚内信用金庫

▨ 産業構造を転換し地域経済エコシステムを作り上げる

　稚内信用金庫は図抜けた「覚悟」を感じさせる。同金庫は，日本の最北端に位置し，営業エリアに利尻島，礼文島を抱え東京都の3倍に相当する地域のトップバンクとして信条「稚内信用金庫は地元と共に繁栄します」を掲げる。

　1977年，「200海里漁業専管水域」の設定に伴い，沖合底引き漁業など地域の基幹産業は壊滅的な打撃を受けた。危機的状況に直面し，稚内信用金庫は「担保・保証に関係なく水産関連業者にどんどん貸そう。地域産業の盛衰と運命を共にしよう」と全面的に資金支援を実施。資金を付けることで漁業者の倒産・廃業を回避しながらも，漁業者が船で漁業に出ることはできないため，同金庫は，宗谷地方の個性・特性を活かした産業構造の転換を目指した。観光産業の育成・確立に向けて，稚内空港のジェット化や羽田からの直行便就航等の手を打った。その後も，稚内メガソーラー発電所（東京ドーム3個分）や宗谷丘陵の風力発電群等の自然エネルギーにも取り組んできている。この間，かつて天然のホタテ漁場だったのが乱獲等により資源枯渇，炭鉱閉山や林業衰退も重なり，地域消滅の危機に直面した極貧の猿払村は，乾坤一擲のホタテ稚貝放流事業に挑戦（日本初）し「取る漁業」から「育てる漁業」に転換してきた。

　同金庫にとって，産業構造を転換していくノウハウはゼロからのスタート。自治体・商工会議所・事業者と厚い信頼関係を共有しながら進めてきている。危機に直面し真正面から向き合ったことが信頼関係をより強固にした。

　猿払村のホタテは最高品質商品に育ち全世界向けに輸出されている。猿払村は自治体別所得ランキングで全国第3位となっている。事業者が挙げた利益は税金となって村の運営に還元される。立派な道路も行政施設も設備の整った学校もつくることができる。結果的に猿払村の出生率は2.47と，日本全体の出生率1.43はもちろん人口維持に必要な「人口置換水準」の2.07をも大幅に上回っている。猿払村には高校や鉄道はない。高校進学時に若者は村を離れるが，高

校等を卒業後，若者の8割以上が村へ戻る（15〜19歳は90人の転出超過，20〜24歳は80人の転入超過）。所得が高いホタテ漁業（第1次産業）を核に，加工など6次産業の仕事が多くあるからである。**地域の個性・特性を磨き続け国内外に誇れる地域経済エコシステムを構築していくことの大切さを物語る。**

　同金庫の主要営業地域における市場占有率は預金82%，貸出55%と「地域との信頼関係の証」を示す高さだ。自己資本比率は52%。RAF（5-4参照）の観点では自己資本が有効活用できていないのではない。「比率」に加え，地元の危機に対応し得る「実額」(501億円) を意識したリスクガバナンスなのだ。

▨ 著者の心が共振した増田稚内信用金庫理事長の言葉

(1)　NHK大河ドラマ「赤穂浪士」の討ち入りシーンが心に残る。赤穂浪士の3人が背中を合わせて360度対処する戦法で完勝した三位一体のシーンになぞらえると，地域経済の議論においても三位一体は有効だ。**市長・商工会議所会頭・信金理事長が，内向きではなく外を向いた背中合わせの円陣を組む信頼関係を基に，長い時間軸を見据えた真の地方創生に取り組むべき。**

(2)　債権回収会社に投げるとか債権放棄は絶対やらない。最後までお客さまに向き合う。**棺桶の蓋を閉じるまで添い寝するのが地域金融機関の仕事だ。**

(3)　**人事考課では考課者に対して非常にうるさい。**ちゃんと被評価者の仕事を見ているか。経営理念の実践に向けてどんなに手間暇がかかっても，結果の数字が出なくても，自分が納得する仕事をしていれば，最終的には評価されるということが共有されていることが大事。働きがいが地元の笑顔を生む。

(4)　金融庁・財務局がベストプラクティスという言葉を使う時に念頭に置くべきは，受けとめる金融機関側が同じことをやれば良いという虎の巻の答えのように錯覚してしまう懸念だ。**金融機関の横並び主義を助長するべきではない。**それぞれ個性・特性は違う。仕事のやり方の相対比較というのはおかしい。

(5)　**日々の仕事がリレーションシップ（信頼関係）作り。**危機に対応できる。コロナ対応では2月4日，既往先は聞取りだけで必要金額，無担保無保証の期間一年で反復可（繰上償還ペナルティなし）の短期融資を開始。原則，即日実行だ。

7-9 いわき信用組合

■ 経営方針の基軸は「ソーシャルキャピタル（社会関係資本）」

　いわき信用組合（福島県いわき市）は「ソーシャルキャピタル（社会関係資本）(注)」を経営方針の基軸に据えている。「**人と人とのつながり**」に着目した**独自審査**を行うことで，誰もが金融サービスを受けられる「**金融包摂**」に取り組んでいる。地域振興ファンド，クラウドファンディング（4-9参照），地域商社など金融包摂を実践するための最新のツール整備にも余念がない。

(注) 人と人との結びつきを「資本」と捉える考え方。ソーシャルキャピタルが蓄積され，濃密であるほど，関係相互のやりとりから互酬性の規範が生まれる。この規範が醸成されたコミュニティでは他人への不信と警戒が和らぎ，治安，経済，教育，幸福感で好影響が循環し，結果，社会の効率性も高まり地域経済エコシステムの好循環をもたらすとされる。

　ソーシャルキャピタルについて江尻理事長は次の経験を述べた。
　『2011年3月11日（金），東日本大震災が発生し，翌日，福島第一原発では水素爆発が発生した。13日（日）早朝，いわき市は一部地域の住民に自主避難を要請し，いわき市民は市外に避難を始めた。私は幹部を集め「まだ沢山の住民が残っている。避難する人もお金が必要だ。業務をストップするわけにはいかない」と話し，若い職員等は避難させ，休日だが被災店舗を除く15店舗のシャッターを開けた。14日（月）から生活支援資金として最高30万円までを，身元確認が出来れば取引の有無にかかわらずお金に困っている人に貸すこととした。実際には26件，350万円で，2年ほどで全額回収となった。本当に驚いた。どさくさに紛れて返済しない人がいてもおかしくないのに，そういうことにはならなかった。思いがつながるソーシャルキャピタルを確信した。』

≪2016年11月，著者が当組合にて「 事業性評価で蘇った事業者−具体例」の講演を行って以降，対話のたびに「学び」を感じる江尻理事長の言葉≫
(1)　菜根譚「徳は才の主　才は徳の奴」（才能のある人間は人格を高めないと暴走

して手が付けられなくなる）のとおり，**経営トップは何よりも「徳」が求めら
れる**。内外に影響力があるのはトップだ。人間は権力を持つと変わることが
少なくない。人間は弱い。だから職員教育では「人への思いやり」をくどく
話す。「利他心」がソーシャルキャピタルを厚くする。

(2)　東日本大震災で多くのものを失った。売上が震災前の半分程度の業種もあ
る。今，当組合がやるべきは中小企業の再生（第2創業を含む）と創業支援だ。
担保・保証は見込めない。地域振興ファンドやクラウドファンディング等で
「地域とそこで暮らす人たち全てを丸ごと支える」を営業方針とした。SDGs
（3-5参照）そのもの。「利他心」と一言で簡単にいえるが，日々実践するには，
向き合う個人・法人を見極めかつ育む力を持つ職員を育成しないと駄目だ。
人材育成を最重要課題として研修制度を強化してきた。

(3)　70周年（2018年7月）の時に，若手職員を集めて「未来協議会」を設け，
100周年のいわき信用組合をどういう姿にしたいか自分たちで夢を語り合っ
てクレド（信条）を創った。私はそれには一切関与していない。クレドと一
気通貫になるように試行錯誤しながら人事考課と業績評価を作っていこうと
している。**若い人に夢を持たせれば本当に努力する。その環境も整備する。**

■ ソーシャルキャピタルに基づく具体的な取組み事例

(1)　消費者ローンを取扱う金融機関の多くは保証会社等と提携し，保証料が上
乗せされ金利が高くなる。一方，当組合の職域制度「いわしん安心バリュー」
では，他で謝絶された申込みでも，ローン申込者の家庭環境やUターン転
職のため「少ない」とみなされる勤続年数等，画一的な審査では対応できな
い「地域住民の実情」を反映させプロパー融資を実行している。延滞なく返
済され貸倒件数も非常に少ない。多重債務問題の解決にも応用している。

(2)　取引先事業者の動態モニタリング・実態把握・商流把握に焦点を当て，借
入枠を確保することでキャッシュフローの改善と資金繰りの安定化を図るこ
とを目的に「事業者専用当座貸越」商品「Live － M」（ライブ・エム）を取り
扱っている。対象はミドルリスク先以下で平均金利は3％台央。利用者の評
価は「資金繰りに対する不安が解消され，事業へ集中することができるよう
になった」，「手続が簡易でスピーディー」との声が大半を占めている。

商工組合中央金庫

▨ 新たなビジネスモデルと中期経営計画「商工中金経営改革プログラム」

　商工中金は，危機対応業務の不正行為事案等を踏まえ，真に地域や中小企業に貢献するビジネスモデルの策定やガバナンス体制の強化等を踏まえて，2018年5月22日に主務省（経済産業省，財務省，金融庁，農林水産省）に提出した「ビジネスモデル等に係る業務の改善計画」の実行計画として，同年10月18日に中期経営計画「商工中金経営改革プログラム」を策定した。本プログラムに沿って，中小企業専門金融機関としての実績・ノウハウや，国内外のネットワークなど商工中金ならではの特性を活かした「経営支援総合金融サービス事業」を展開し，経営改善，事業再生や事業承継等を必要としている中小企業や，リスクの高い事業に乗り出している中小企業に対して，課題解決に繋がる付加価値の高いサービスの提供に重点的に取り組んでいるところである。

　著者は，危機対応業務の不正行為事案等を受けた「商工中金の在り方検討会」（第3回，2017年12月11日開催）において，共通価値の創造を実現していくための新たな「商工中金のビジネスモデル」についてプレゼン（注）を行い，2018年7月からは商工中金アドバイザーを務めてきている経緯がある。

　新型コロナ対応では，特別相談窓口を設置し危機対応業務の指定金融機関として迅速な対応を行っている。

(注) 中小企業庁HP「商工中金の在り方検討会（第3回）配布資料・議事録」を参照。

●新たなビジネスモデル － 商工中金の考え方

①　真にお客様本位で長期的な視点から中小企業及び中小企業組合の価値向上（＝「共通価値の創造」）に貢献することが目的であり，事業性評価に基づく融資や本業支援により，「財務CFと営業CFの改善」に継続的に取り組みます。

② 財務 CF 改善と営業 CF 改善に取り組むため，お客様との対話と現場の実査に基づいて事業性評価の一丁目一番地（入口）である正常運転資金（＝営業 CF の源）を先ずは適切に把握します。

③ 安定した取引スタンス，ぶれない姿勢を示しつつ，「財務 CF 改善」に加え「営業 CF 改善」に向けた本業支援に取り組むことにより，お役さまとの強固な「信頼関係」の構築に継続的に取り組みます。

（出所）商工中金「2019年3月期ディスクロージャー誌」，5頁

（お客様の業務運営の見直し・成長を支援する資金繰りの改善及び本業のサポート）

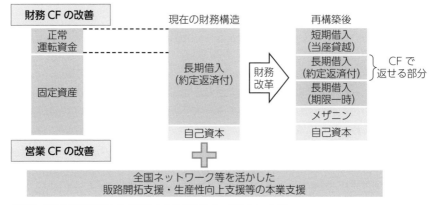

（出所）2018年10月商工中金「商工中金経営改革プログラム」，8頁

■ 新たなビジネスモデルについての中小企業経営者の反応（実話）

著者は，2019年11月，大阪府中小企業診断協会・知的資産経営研究会主催「知的資産経営 WEEK2019」において基調講演とパネリストとして登壇した際に，事例紹介として登壇した藤本智治氏（丸和運輸代表取締役社長）と名刺交換した。藤本氏曰く，『森会長は商工中金アドバイザーですか。商工中金さんと取引がある。以前は，担当者が早期退職等で交替し相談しようにもできなかった。しかし1年ほど前から，担当者が現場を見たいとよく尋ねてきて事業の理解に熱心だ。3条件の社長（1-10参照）と信頼いただいたのか，新規事業に進出するが，無担保無保証で当座貸越を設定いただいた。商工中金さん本当に変わりましたね。感謝しています。』アドバイザーの著者は心が熱くなった。

経営トップから現場まで変わろうとする金庫の覚悟はお客様に伝わるのだ。

コラム7　中小企業経営者から金融機関役職員への金言

　著者は，2018年3月，中国財務局主催「平成29年度金融仲介の質の向上に向けたシンポジウム」にて基調講演「顧客本位の地域金融～持続可能なビジネスモデル構築に向けて～」を行い，パネリストとして森光孝雅氏（八天堂代表取締役，三原商工会議所会頭）とご一緒した。森光氏から次のような金融機関への熱い期待が述べられ，著者の思いと共振した。今もご縁をいただいている。

　『……先ほど民事再生法の手続きまで入りかけたと言いましたが，そのとき私の目の前に現れたメインバンクの融資担当の次長は，初めて見る人でした。それだけ私は金融機関に足を運んでいませんでした。PL や BS を持っていったのですが，数字をつついているわけです。厳しい会社のほとんどは，数字をつついていますね。なぜかというと，お金を貸してもらわなければ，倒産ですから。本当はやってはいけないのですが，生きていくために，多少なりともそういうことをやっています。ですから，金融機関に行ったとき，「なんなんだ，この数字は」と，相当厳しくお叱りを受けました。ただ，その金融機関の担当の方は，「なんとかよくしてやりたい」という思いを根底に持っていて，非常に熱い方でした。たまたま，その金融機関の支店の目の前にわれわれの本店があった。その担当の方は，私にとって恩人の一人です。その方に言われました。「経営者をやりたいのか，どうなりたいのか」と。「頑張りたいんです，喜んでもらいたいんです」と伝えたら，「僕もそうなってもらいたい。一緒に頑張ろう」と言われました。こういう熱い方はいらっしゃるのです。

　金融機関の，特に渉外の方，外を回られている方は，熱き思いを持っていなかったら，回ってもらわなくていいと思います。何も伝わってきませんから。もちろん金融機関の方だけではありません。経営者自らも，熱い思いを持っていなければ，いくら金融機関の方が熱い思いを持ち，また，数字面でそういうことを語られても，全然響かないでしょう。すべての会社を救っていくのは無理に決まっていますが，伸びていく，可能性がある会社は必ずあります。

　森会長がおっしゃったように，黙っていたらどんどん廃業に追い込まれていく時代じゃないですか。これから AI 社会にどんどんなっていく中，まさに金融機関の方の役割の時代だと思います。ある意味，コンサルタント業じゃないですけど，「自分が企業を救っていく，企業のパートナーになっていく」といった思いまで持ってほしい。金融機関の方には，地域を活性化し，共に名経営者をつくっていく，経営者に寄り添っていく，という思いを持って取り組んでもらいたいと思います。私にはそういう出会いがあったので，力強く言わせてもらいます。』

(注) 財務省中国財務局 HP「平成29年度金融仲介の質の向上に向けたシンポジウム」の議事録参照。http://chugoku.mof.go.jp/kinyusyouken/kinchou/shinpo/300320shinpo.html

第 8 章

アフターコロナ

8-1

コロナショック①
—政府の対応（政府系金融機関，民間金融機関）

■ 政府系金融機関

　政府は，新型コロナウイルス感染症の拡大を受けて，2020年1月30日，「政府対策本部」を設置した。日本政策金融公庫は，3月12日，「新型コロナウイルス感染症特別貸付」を創設（国民・中小）し3月17日より融資を開始した。日本政策投資銀行，商工中金は，3月19日，危機対応業務（危機対応融資）を開始した。日本政策金融公庫等の同特別貸付等もしくは商工中金等による危機対応融資により借入を行った中小企業者等のうち，売上高が急減した事業者等に対しては，利子補給で実質無利子（当初3年間），無担保かつ最大5年の据置期間（据置期間は**経営改善期間**との趣旨）で当面元本返済が不要である。また，各機関毎に，既往債務の借換も可能とし，実質無利子化の対象にしている。

■ 民間金融機関（8-2の図参照）

　金融庁は，2月7日，「新型コロナウイルス感染症の発生を踏まえた対応について（要請）」にて，「……事業者からの経営の維持継続に必要な資金の借入の申込みや，顧客からの貸付条件の変更等の申込みがあった場合には，適切な対応に努めること。……」を要請した。また，政府は，2020年4月7日，「新型コロナウイルス感染症緊急経済対策」を決定（20日に変更の閣議決定）し，令和2年度補正予算において，事業者への資金繰り支援をさらに徹底する観点から，日本政策金融公庫等のいわゆる実質無利子・無担保・据置最大5年の融資について，都道府県等の制度融資を活用して民間金融機関にも対象を拡大する等の措置「民間金融機関での実質無利子・無担保・据置最大5年・保証料減免の融資」（「**ゼロゼロ融資**」と呼称されている）を5月1日より講じることとなった。金融機関が**ワンストップ**で効率的，迅速に各種手続を行うこととなっている。

160

■ 政府のさらなる対応

　政府はさらに，中小企業向けの資本性ローンや中小機構等を通じた出資など
の資本支援，金融機関への公的資金注入の拡充・柔軟化などに取り組んでいる。

[資金繰り支援内容一覧 − 融資制度・信用保証制度の両面から支援]

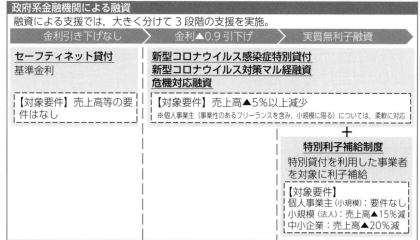

政府系金融機関による融資
融資による支援では，大きく分けて 3 段階の支援を実施。

| 金利引き下げなし | 金利▲0.9引下げ | 実質無利子融資 |

セーフティネット貸付
基準金利

新型コロナウイルス感染症特別貸付
新型コロナウイルス対策マル経融資
危機対応融資

【対象要件】売上高等の要件はなし

【対象要件】売上高▲5％以上減少
※個人事業主（事業性のあるフリーランスを含み，小規模に限る）については，柔軟に対応

＋

特別利子補給制度
特別貸付を利用した事業者を対象に利子補給

【対象要件】
個人事業主（小規模）：要件なし
小規模（法人）：売上高▲15％減
中小企業：売上高▲20％減

【参考：商工中金の利子補給制度】

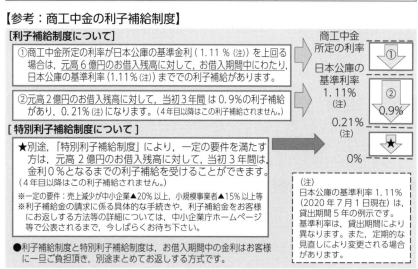

[利子補給制度について]

①商工中金所定の利率が日本公庫の基準金利（1.11 %（注））を上回る場合は，元高 6 億円のお借入残高に対して，お借入期間中にわたり，日本公庫の基準利率（1.11%（注））まででの利子補給があります。

②元高 2 億円のお借入残高に対して，当初 3 年間 は 0.9％の利子補給があり，0.21％（注）になります。（4年目以降はこの利子補給されません。）

[特別利子補給制度について]

★別途，「特別利子補給制度」により，一定の要件を満たす方は，元高 2 億円のお借入残高に対して，当初 3 年間は，金利 0 ％となるまでの利子補給を受けることができます。
（4年目以降はこの利子補給されません。）

※一定の要件：売上減少が中小企業▲20％以上，小規模事業者▲15％以上等
※利子補給金の請求に係る具体的な手続きや，利子補給金をお客様にお返しする方法等の詳細については，中小企業庁ホームページ等で公表されるまで，今しばらくお待ち下さい。

●利子補給制度と特別利子補給制度は，お借入期間中の金利はお客様に一旦ご負担頂き，別途まとめてお返しする方式です。

商工中金
所定の利率
①

日本公庫の
基準利率
1.11%
（注）
②
0.9%

0.21%
（注）
★

0%

（注）
日本公庫の基準利率 1.11%
（2020 年 7 月 1 日現在）は，貸出期間 5 年の例示です。基準利率は，貸出期間により異なります。また，定期的な見直しにより変更される場合があります。

（出所）経済産業省 HP「新型コロナウイルス感染症関連」，商工中金 HP「新型コロナウイルス感染症に関する特別相談窓口のご案内」を参照

コロナショック②
―融資の現場における，中小企業経営者・民間金融機関・認定支援機関の"生の声"

　民間金融機関の融資の現場をみると，中小企業からは「ゼロゼロ融資は実質無利子・無担保で据置期間もある程度確保でき非常に助かる」との声が多い(注)。

(注) ゼロゼロ融資の5月開始までの間も，第7章で取り上げた民間金融機関等は，**「事業性がある中小企業（"3条件の経営者"1-10参照）は資金繰り破綻をさせない」**等と新規融資・条件変更や手続の省略等で積極的に資金繰り・経営支援に取り組んでいる事実がある（金融庁「新型コロナウイルス感染症を踏まえた金融機関の対応事例」2020年5月22日）。

　もっとも，著者には次のような**"生の声"**が届いている。課題は少なくない。

■民間金融機関
① （本部の行員）ゼロゼロ融資はリスクアセットゼロで金利が確実に稼げる。バンカーではなく，機関投資家のセールスマンに成り下がってしまった。
② （現場の若手）中小企業からのゼロゼロ融資の申込みを仕分けして，100％保証（セーフティネット保証5号は80％保証）であれば融資対応する。悲しい。

■中小企業経営者
① ゼロゼロ融資のセールスが，必要でない先に「いの一番」で行っている。
② （自分は必要ないのに）「新しい制度融資ができ，試算表を拝見すると是非お勧めと思いました」「ゼロゼロ融資は県の予算が限られているので早い者勝ちです」と支店長が電話をかけてきた。緊急融資の真意を理解していない。
③ キャンペーン商品と一緒で銀行側が融資先を選んでいる。どうもおかしい。
④ 金融機関も民間の一事業者にすぎない。共生に向けて謙虚に変革すべき。

■認定支援機関（税理士等）
① 金融機関単独での提案は，資金繰りに窮していない先に，ゼロゼロ融資を営業しているケースばかり。リスケ先は対象外。
② 金融機関と税理士等を結び付ける枠組みとしては，認定支援機関が最適だと思うが，「金融機関自身が認定支援機関だという認識もないので，"連携"という発想すらない」ということが，新型コロナで浮き彫りにされた。

［民間金融機関における実質無利子・無担保制度の概要—ワンストップの仕組み］

制度概要

都道府県等による制度融資を活用し，民間金融機関にも
実質無利子・無担保・据置最大5年融資を拡大します。
あわせて，信用保証（セーフティネット保証4号・5号，危機関連保証）の
保証料を半額又はゼロにします。

- ・セーフティネット保証4号（100％保証）・・・売上高が前年同月比▲20％以上減少等の場合
- ・セーフティネット保証5号（80％保証）・・・売上高が前年同月比▲5％以上減少等の場合
- ・危機関連保証（100％保証）・・・売上高が前年同月比▲15％以上減少の場合

対象要件

国が補助を行う都道府県等による制度融資において，**セーフティネット保証4号・5号，危機関連保証のいずれかを利用**した場合に，以下の要件を満たせば，保証料・利子の減免を行います。

	売上高▲5%	売上高▲15%
個人事業主 （事業性あるフリーランス含む，小規模のみ）	保証料ゼロ・金利ゼロ	
小・中規模事業者 （上記除く）	保証料 1/2	保証料ゼロ・金利ゼロ

その他の要件

- ☐ 融資上限額：4000万円※（拡充前3000万円）
  - ※2次補正の成立後，各自治体において準備が整い次第，融資上限額を拡充
- ☐ 補助期間　：保証料は全融資期間，利子補助は当初3年間
  - ※条件変更に伴い生じる追加保証料は事業者の負担となります。
- ☐ 融資期間　：10年以内（うち据置期間5年以内）
- ☐ 担保　　　：無担保
- ☐ 保証人　　：代表者は一定要件（①法人・個人分離，②資産超過）を満たせば不要
  - （代表者以外の連帯保証人は原則不要）

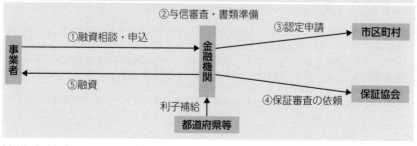

（出所）金融庁「民間金融機関における実質無利子・無担保制度の概要」（令和2年5月1日）より抜粋，保証割合の説明を付記

ウィズコロナから
アフターコロナへ

■ コロナショックで"即"実践のフェーズに突入

　本書の「はじめに」にて著者の思いを述べ，各章の項目ごとに著者が読者の
みなさんに，是非，伝え，かつ，実践していただきたいと考えてきたことが，
コロナショックによって時間軸が一気に短くなり，"即"実践のフェーズに突
入したと感じている。周りでは，「新型コロナウィルスの感染拡大で社会は大
きく変化し，New Normal（新常態）に適応しなければならない」との見方が
広がっている。著者は松尾芭蕉の**"不易流行"**（『去来抄』にある「不易を知らざ
れば基立ちがたく，流行を知らざれば風新たならず」）の思想こそ，"即"実践の
フェーズにて心すべき核心ではないかと考えている。

　コロナショックを受けて，多くの中小企業は資金繰り難に直面し，顧問税理
士と金融機関が一番頼りにされている時だ。政府の緊急経済対策の下，政府系
金融機関の新型コロナ感染症特別貸付等に加え，民間金融機関による実質無利
子・無担保・据置最大５年も可能になった。ただ，融資の現場（8-2参照）を
みていると，中小企業経営者・顧問税理士と金融機関との**"平時からの信頼関
係"**（はじめに参照）ができているか否か，また，顧問税理士と金融機関との間
の**"平時からの連携"**（第６章コラム参照）がしっかりしているか否か等によっ
て，資金繰り支援には大きな差が出ている事実がある（注1）。

（注１） 2020年５月27日，金融庁は「今後の事業者の資金繰り支援について（麻生金融担当
　　大臣談話）」にて，民間金融機関としての存在意義として，リスク負担のない融資のみな
　　らずプロパー融資も大切である旨を打ち出した。プロパー融資に関し，著者が伴走してい
　　る某地銀は，２月は専用当座貸越（使用しなければ金利負担なし），３月は政府系金融機
　　関の特別貸付，４月は５月実施のゼロゼロ融資へのつなぎ融資，５月はゼロゼロ融資，６
　　月からは事業変革に向けた専用当座貸越と設備資金融資（資本性ローンも検討）に取り組
　　んでいる。

■ 経営改善・事業再生・成長支援の"実践力"が問われる

　今後，取り組むべきは，ウィズコロナ（coexist with COVID 19）からアフ

ターコロナ（after COVID 19）への対応として必須の経営改善・事業再生・成長支援（事業変革（注2）の連続）である。中小企業の資金支援に加え，収益改善への打ち手は待ったなしだ。令和2年度補正予算で，認定支援機関による405事業等が計上され，資本性支援の体制整備が進められている。ローカルベンチマーク，経営デザインシートやミラサポ plus（3-1，3-3，3-7参照（注3））等を"実践"する主役が金融機関と認定支援機関であることは言を俟たない。経営者は辛いときに全力で支援してくれた恩義は決して忘れない。

　"平時からの信頼関係"と"平時からの連携"に加え，**"実践力"**が問われる。経営改善・事業再生・成長支援では，将来が見通し難いがゆえに，**伴走支援型融資**（5-7，7-1〜7-10参照（注4））が，中小企業の元気回復に威力を発揮する。

（注2）　SN変換（技術の seeds を顧客の needs に変換）等の手法を活用。

（注3）　首相官邸 HP『知的財産推進計画2020〜新型コロナ後の「ニュー・ノーマル」に向けた知財戦略〜』（2020年5月27日），33-34頁参照。

（注4）　著者が取り組む［伴走支援型融資］＝［専用当座貸越など疑似エクイティ ＋ 業績連動型資本性ローン＋株式担保融資］（財務を支える）＋［本業支援］（将来キャッシュフローの改善を支える）（5-8参照）

■ 明るい未来は中小企業の元気から

　全国の中小企業を，コロナショックへの対応を含め，日々支援し改めて確信したことは，"3条件の経営者"（1-10参照）は次の一手を四六時中考えている。ただ金融については伴走者が必要である。

　本業支援は広く金融機関以外も取り組んでいるが，金融機関は，固有の融資機能を併せ持つ総合サービス業として，中小企業に伴走する主役だ。金融機関は支援機関等と連携強化し，企業価値である営業キャッシュフローの持続的な改善を実現できる。債務者区分がランクアップし最大のリスク管理・保全策かつ収益改善策（健全性）だ。資金需要も生みだせる（5-3，5-5参照）。中小企業の経営者や従業員の年収も増え人生設計も充実する。金融機関の営業基盤も強化され「持続可能なビジネスモデル」が実現できる（『共通価値の創造』）。

　大きな環境変化は今後もあろうが，全企業の99.7％，全雇用の7割を占める中小企業の元気を引き出す金融仲介機能の発揮が「起点」となって，**地域経済エコシステムの「好循環のループ」を構築**していくことを強く期待している。

◆著者紹介

森　俊彦 （もり　としひこ）

一般社団法人 日本金融人材育成協会 会長

1979年東京大学経済学部卒業,同年日本銀行入行。シカゴ大学大学院留学（経済学マスター）,ニューヨーク事務所次長,信用機構局参事役（バーゼル銀行監督委員会・日本代表）,考査局参事役（上席考査役）,金沢支店長,金融機構局審議役などを経て,2011年金融高度化センター長。現在,金融庁参与,商工中金アドバイザー,中小機構中小企業応援士を務める。

（政府委員）

経済産業省「ローカルベンチマーク活用戦略会議」委員（2016年〜）

内閣府「知財のビジネス価値評価検討タスクフォース」委員（2017年〜）

環境省「ESG金融懇談会」委員（2018年〜）

金融庁「融資に関する検査・監督実務についての研究会」メンバー（2018年〜）

環境省「ESG金融ハイレベル・パネル」委員（2019年〜）

金融庁「金融仲介の改善に向けた検討会議」メンバー（2019年〜）

内閣府「価値デザイン経営ワーキング・グループ」委員（2020年〜）

地域金融の未来－金融機関・経営者・認定支援機関による価値共創

2020年11月20日　第1版第1刷発行
2021年7月10日　第1版第8刷発行

著　者　森　　　俊　彦
発行者　山　本　　　継
発行所　㈱中央経済社
発売元　㈱中央経済グループ
　　　　パブリッシング

〒101-0051　東京都千代田区神田神保町1-31-2
電　話　03（3293）3371（編集代表）
　　　　03（3293）3381（営業代表）
https://www.chuokeizai.co.jp

© 2020
Printed in Japan

印刷／文唱堂印刷㈱
製本／侑井上製本所